불교에 답한다
: 불교가 논한 기독교신앙에 대해

임원주

불교에 답한다 : 불교가 논한 기독교신앙에 대해

지은이 임원주
펴낸이 이현주
펴낸곳 가나다
등 록 • 2006년 1월 23일 (제307-2006-6호)
주 소 • 경기도 이천시 부발읍 무촌로151번길 20   www.nown.biz
e메일 • here@nown.biz
전 화 • 0502-987-9870
팩 스 • 0505-116-1015

첫판 처음 찍은 날 2017년 8월 1일
첫판 처음 펴낸 날 2017년 8월 8일

ISBN 978-89-92065-49-8 03230
| 잘못 만들어진 책은 구입하신 서점에서 바꿔드립니다.

불교에 답한다
: 불교가 논한 기독교신앙에 대해

서문,

오직 하나만 알면 그 하나조차 제대로 알지 못할 때가 많습니다. 오직 모국어만 알면 그 모국어조차 제대로 알지 못할 수 있습니다. 외국어를 깊이 알 때 모국어만 아는 것과는 다른 차원과 깊이로 모국어를 알게 됩니다. 자신에게만 몰입하는 사람은 그 자신을 제대로 알 수 없습니다. 자신에 대한 타인의 비판을 한사코 거절하는 사람은 자신을 바르게 알 기회가 없습니다. 거울에 비친 자신의 모습을 자기 눈으로 살펴보는 것만으로는 건강한 자아상을 갖출 수 없습니다. 그러므로 자기 정체성을 가질 수 있는 것은 자신과 비슷하면서도 다른 존재들과의 '비교'와 '차이' 그리고 '다름'에 대한 앎을 전제합니다.

그런 점에서 재가불자 이제열 법사님께서 『불교, 기독교를 논하다』(모과나무, 2015. 3.)를 펴내신 것과, 제가 그 책을 발견한 것은 놀라운 행운입니다. 이제열 법사님을 개인적으로 알 수 있는 인연은 없으나, 일찍이 스리랑카에 유학을 다녀오시고 불교경전 연구원을 이끄시면서 불교의 정법(政法)을 바로 세우기 위해 맹렬히 정진해온 분으로 알고 있습니다. 법사께서 불교 정법에 입각해서 기독교 신학이론을 착실히 연구하여 냉철하게 비판한 결과물이 바로 『불교, 기독교를 논하다』입니다.

　『불교, 기독교를 논하다』라는 책은 필자에게는 단지 불교적 시각에서 기독교를 비판한 일개 서적이 아닙니다. 필자가 기독교인이 되기 이전의 시각으로 기독교의 내면을 들여다보면 어떻게 보일 수 있는지를 다시금 볼 수 있도록, 필자의 눈을 맑게 열어준 책입니다. 보통의 한국인들이 서구에서 도래한 종교 기독교를 어떻게 이해할 수 있는지, 심지어 무심하게 기독교를 접해온 기독교인들이 가장 쉽게 빠져들 수 있는 오류가 무엇인지를 밝혀주는 등불 역할을 해주었습니다. 이것은 허언이 아닙니다. 이제열 법사께서 기독교 정통신학을 담은 서적을 맹렬히 읽고 분석한 흔적을 필자는 곳곳에서 확인할 수 있었습니다. 법사님의 그 치열함은 불교와 기독교가 부딪히는 접점을 강렬하게 드러내주었기에 필자의 아둔한 눈은 한결 정확하게 파악할 수 있었습니다.

　필자가 졸고를 43개의 꼭지로 정리한 것과 각 꼭지의 제목을 정한 것은 전적으로 이제열 법사님의 논저 초판본을 따른 것입니다. 그러나 개혁주의 신학을 추구하는 필자는 불교의 어떤 이론이나 입장과의 단순한 조화를 시도하지 않았습니다. 어설픈 중도를 찾지도 않았습니다. 각 논점에 대해 어째서, 어떻게 이렇게 볼 수 있느냐에 대한 불교의 입장을 확인하고, 그에 대한 기독교적 답변을 어떻게 해야 하는가를 고민하고, 그 결과 기독교의 정체성을 올바로 드러내고자 했습니다. 다시 말해서, 필자의 졸고는 『불교, 기독교를 논하다』에 대한 기독교적 답변서이지만, 단순한 변론적 답변서가 아니라 기독교 정체성을 되돌아보고 반성적으로 확립하고자 하는 뜻을 포함하고 있습니다.

   졸고의 출판에 즈음하여 먼저, 이제열 법사님께 감사를 드립니다. 그리고 예하출판사 관계자들 그리고 가나다출판사에 감사를 드립니다. 졸고를 다시 다듬고 가나다출판사에 넘겨준 때는 한결같은 애정으로 뒷받침해주던 서울 진리교회의 김승중 담임목사님과 정귀영 전도사님 그리고 여러 성도님들을 잠시 떠나 대구 로고스장로교회 주일설교를 시작한 뒤입니다. 필자의 사역을 양해해준 서울 진리교회 회중과 필자에게 새로운 경험의 기회를 준 대구 로고스장로교회 회중에게 주님 안에서 깊은 감사를 드립니다.

   2017년 6월 한 달 동안은 주일 아침마다 서울 목동 근처가 아니라 남쪽으로 편도 3시간을 운전해서 대구라는 낯선 고장에서 낯선 회중 앞에서 낮 예배설교와 오후 예배설교를 하는 낯선 경험을 해야 합니다. 이것은 적어도 1천 5백년에 걸쳐 누적되어온 불교문화권에서, 수용자 입장에서 기독교를 바라보면서, 기독교란 무엇이며 무엇이 되어야 마땅한가라는 질문을 기독교 신자인

저 자신에게 던져보는 놀랍도록 감사한 경험을 시작했다는 뜻입니다. 1991년 1월 24일부터 바로 이 순간까지 이 모든 경험을 함께 하고 특별한 반성과 사유의 동반자이기도 한 아내에게는 더욱 특별한 감사를 합니다.

종교의 현 상태는 그 사회와 나라의 미래상입니다. 오늘날 기독교와 교회가 성경이 말하는 교회상과 종교성을 참되게 회복하고 하나님 나라를 온전히 보여주고 향유케 해줄 수 있기를 바라는 간절함으로 졸고를 내놓습니다. 오해와 착각을 바로 잡고 진리와 진실에 착념하고 참된 종교를 드러내는 것은 비단 종교 그 자체만이 아니라 민족과 나라의 운명에 직결된 문제라고 생각합니다. 이런 생각 끝에 열정을 품고 내놓은 필자의 언사에서 혹여 오만불손함을 느끼신다면 이는 필자의 졸렬한 문체 탓입니다. 이에 대해서는 너그러움과 용서를 구할 뿐입니다. 졸고를 읽어주시는 모든 분께 감사를 드리며...

2017년 6월 9일 산본에서 임원주 배상

"우리 주 예수 그리스도의 능력과 강림하심을 너희에게 알게 한 것이 공교히 만든 이야기를 좇은 것이 아니요 우리는 그의 크신 위엄을 친히 본 자라"(베드로후서 1:16).

목차,

01 신의 이름에 대해 '신'에게 이름은 어떤 의미가 있는가? 12

02 이름에 대해 '창조주'는 피조물과 유사한 존재인가? 18

03 삼위일체론에 대해 셋이 하나요 하나가 셋이란 무엇일까? 24

04 신의 현현(顯現)에 대해 신은 인간의 공덕에 좌우되는 피동적 존재인가? 30

05 창조론에 대해 원인 없는 실체가 있을 수 있을까? 35

06 섭리론에 대해 개인의 악행은 누구의 책임인가? 43

07 인간론에 대해 '나'라는 존재의 실체는 무엇인가? 49

08 원죄론에 대해 원죄는 신의 자기모순이며 폭정인가? 57

09 죄의 원인에 대해 각 개인의 죄악은 어디에서 오나? 63

10 형벌론에 대해 하나님은 무자비하고 가혹한 형벌집행자인가? 71

11 악마의 존재에 대해 악마와 죄는 상관관계가 있을까? *80*

12 악마에 대한 신의 심판에 대해 형 집행이 미뤄질 때
악마는 어떤 기회를 갖는가? *86*

13 귀신론에 대해 귀신의 정체는 무엇일까? *92*

14 우상론에 대해 참된 교리를 어떻게 붙들 수 있는가? *98*

15 내세론에 대해 지금 어떻게 '다음 생'을 논할 수 있을까? *104*

16 선택론에 대해 절대자는 절대적 독재자인가? *110*

17 율법론에 대해 하나님의 명령은 준엄할 뿐인가? *116*

18 지배론에 대해 신의 인격은 불완전하여 믿을 수 없는가? *123*

19 심성론에 대해 신의 마음과 인간의 마음은 비슷한 것일까? *128*

20 성서론에 대해 경전은 사람이 만들어내는 것인가? *134*

21 명칭론에 대해 인간은 스스로 구원을 성취할 수 있을까? *141*

22 성령론에 대해 신성이 하나이든 셋이든 상관이 없을까? *147*

| 23 신분론에 대해 | 죄성에 물든 몸의 한계를 어떻게 극복할 수 있을까? 153

| 24 잉태론에 대해 | 구세주는 누구의 어떤 공력으로 태어나야할까? 159

| 25 탄생론에 대해 | 구세주는 어떤 모습과 현상으로 세상에 왔어야할까? 165

| 26 성장론에 대해 | 참된 구세주라면 세상에서 배우고 깨달을 필요가 있을까? 171

| 27 구원론에 대해 | 스스로 전능자가 되어야 할까? 전능자의 도움을 받아야 할까? 177

| 28 구원방법론에 대해 | 번뇌가 없어지는 것이 구원일까? 183

| 29 중생론에 대해 | '중생' 즉, '다시 태어난다'는 것은 무엇일까? 189

| 30 회개론에 대해 | 회개는 어떻게 구원의 길이 되는가? 195

| 31 운명론에 대해 | 복된 운명에 어떻게 도달하는가? 200

| 32 기복론에 대해 | 복락을 구하는 것은 욕망의 소치일까? 208

33 사랑론에 대해 어떤 사랑이 참 사랑인가? 216

34 제자론에 대해 스승을 버린 제자들은 어떤 운명을 맞이해야 하나? 222

35 임종론에 대해 죽음을 죽이는 죽음이란 어떤 것일까? 226

36 부활론에 대해 부활은 옛 생명의 연장인가? 231

37 이적론에 대해 이적을 갈구하는 것은 부질없는 욕망인가? 237

38 소생론에 대해 삶을 슬픔으로 받아들여야 하는가? 242

39 산상설교론에 대해 완전한 자유를 누리는 삶은 어떻게 오는가? 247

40 재림론에 대해 구세주는 왜 세상에 다시 오실까? 252

41 신앙체험론에 대해 신비체험은 과연 덧없는 것일까? 257

42 선교론에 대해 하나님의 나라와 사람의 나라는 충돌하는 것인가? 262

43 역사완성론에 대해 역사란 목적도 주관자도 없이 굴러가는 것일까? 267

'신'에게 이름은 어떤 의미가 있는가?

01 신의 이름에 대해

불교는 여호와를 '창조신'이라고 말한다.

기독교는 여호와를 '창조주'라고 답한다.

신(神)에게는 이름이 없다. 어떤 명호(名號)도 신의 본성이나 특성을 충분히 담지 못한다. 신을 파악할 자가 없고, 이름을 붙여 규정할 자가 없고, 이름을 불러 명령할 자도 없다. 이름은 피조물에게나 필요할 뿐이다. 이름을 통해 파악되는 개념이란 신의 영광 그 자체가 아니라 그 영광이 뿜어내는 광채와 같다. 신의 이름은 그가 어떤 분인지를 올바로 인식하고 올바른 자세를 갖추도록 돕는 우리에게 허용된 아주 특별한 기호이다.

불자는 기독교가 유대 민족에서 기원한 종교라고 간주한다. 많은 사람들이 그렇게 생각하니 불자도 그렇게 생각할 법도 하다. '여호와'라는 이름과 그 이름이 계시된 정황을 그 근거로 여기는 듯하다. 나아가서 불자는 **전능한 창조주는 존재할 수 없다**고 단정한다. 태초에 하나님이 천지를 창조하셨다는 성경의 주장에 반대하여 불교는 인과론을 제시한다.

> 기독교는 유대 민족이 숭상했던 여호와라는 이름의 신으로부터 출발한다.……여호와는 우주 창조의 주체로서 유일신(唯一神)이며 인격신(人格神)이고 편재신(遍在神)이다.……이와 같은 창조신은 인과의 원리로 볼 때에 존재할 수 없다(19, 21).[1]

불자가 '여호와' 하나님을 유대민족의 민족신이라고 단정한 것은 착오다. 불자가 암시하는 것처럼 여호와는 일개 민족이 창안한 신이 아니며 여러 신들 가운데 하나가 아니며 창조를 했기 때문에 신이 된 것도 아니다. 불완전하고 열등한 존재만이 다른 존재들에게서 인정을 받고 지위를 부여받는다. 성경이 증거하는, 여호와는 전혀 그렇지 않다.

여호와는 여호와이기 때문에 여호와다. 여호와는 스스로 하

---

1) 본서에서 이처럼 그리고 이후부터 괄호안에 숫자만 넣은 인용표기는 모두 이제열, 『불교, 기독교를 논하다』(모과나무, 2015. 3)에서 인용한 것입니다. (19, 21)은 이제열의 책 19쪽과 21쪽에 있는 문장이라는 뜻입니다.

나님이다. 하나님이기 때문에 하나님이다. 세계를 창조했기 때문에 신이 된 것이 아니라 원래부터, 처음부터, 영원토록 하나님이다. 여호와 하나님이 하신 일 가운데 하나가 창조이다. 온 세계와 그 안에 존재하는 모든 것이 여호와 하나님의 피조물이다. 피조물이 절대주권자를 숭상하는 것은 권리가 아니라 의무일 뿐이다. 인류에게 선택권이 있는 것이 아니다. 주도권은 전적으로 여호와에게 있다.

세계가 존재하기 전부터 '하나님'이신 여호와가 유대민족을 택한 것은 인류를 향한 특별한 목적 때문이다. 여호와는 시내 산에서 유대민족을 하나님의 백성, 제사장 족속으로 삼을 때에도 온 세계의 주인이요 통치자요 구속자인 여호와로서 주도적으로 언약을 맺었다.

> 창세기 17:8, 내가 너와 네 후손에게……나는 그들의 하나님이 되리라.
> 출애굽기 6:7, 너희로 내 백성을 삼고 나는 너희 하나님이 되리니 나는……너희 하나님 여호와인 줄 너희가 알지라.
> 출애굽기 19:5-6, 세계가 다 내게 속하였나니 너희가 내 말을 잘 듣고 내 언약을 지키면 너희는 열국 중에서 내 소유가 되겠고 너희가 내게 대하여 제사장 나라가 되며 거룩한 백성이 되리라.

하나님은 고유명사가 아니다. 유일한 참 하나님을 가리키는 고유명사가 있을 수가 없다. 하나님을 낳은 이가 없고 하나님께 이름을 부여할 자격과 권세와 능력을 가진 이가 존재하지 않고, 하나님의 이름을 부를 권세가 있는 이도 없다. 하나님은 '여호와'라는 이름을 가르쳐주시기 전에도 하나님이셨다. 하나님은 자신이 택하신 백성들이 하나님에 대해 영원토록 기억해야할 본질적인 특성을 가르치기 위해 "나는 스스로 있는 나다"라는 의미의 '여호와'라는 단어를 가르쳐주셨다. '여호와'는 별개의 존재가 하나님께 지어 붙인 이름이 아니다.

여호와라는 이름은 그 스스로 완전하며, 그 자신만으로도 전혀 부족함이 없이 충분하며, 그 자신 이외의 어느 것에도 의존하지 않고 간섭받지 않으며, 존재하는 모든 것의 유일한 원인, '원인 없는 원인'이라는 뜻이다. 하나님은 스스로 여호와라는 말을 호칭으로 택하여 자기 백성에게 가르치셨다. 참 하나님만을 경배하고자 하는 이들이 거짓 신들을 배제하기 위해 반드시 기억해야할 가장 중요한 칭호로 삼게 하셨다.

불자는 여호와를 창조신이라고 불렀다. 불자가 사용한 이 명칭은 기독교인이 하나님을 가리킬 때 사용하곤 하는 '창조주' 혹은 '창조자'라는 명칭과는 전혀 다른 차원의 의미를 갖는다. 기독교는 창조주 혹은 창조자를 전능한 왕, 만유의 주권자라는 개념과 연결한다. 반면에 불자가 사용하는 '창조신'은 석가모니보다 열등한 여러 신들 가운데 하나로 간주하는 용어다.

고타마 붓다는 신에 대해 무관심하고자 했다. 하지만 수백 년 뒤에 대승불교는 신들의 존재를 인정했다. 심지어 불교 이외의 모든 종교의 신들조차도 끌어들여 붓다의 아래 계급에 넣었다. 결과적으로 인연생기, 생로병사, 생자필멸에 속박된, 따라서 인간과 동질적인 존재이며 인간처럼 선한 업을 지속적으로 쌓아야 하고, 선업이 바닥나면 그 아래 단계로 강등된다는 주장을 내놨다.

불자의 이런 주장은 그야말로 생로병사를 겪는 유한한 인간들의 상상력에서 나온 설화(說話)에 불과하고 객관적 사실성이 없는 가설(假說)에 근거한 추정일 뿐이다. 인간은 인간의 한계를 뛰어넘는 영역을 알 수도 없고 확인할 수도 없기 때문이다. 그래서 이쪽에 있는 인간들끼리 진짜 신(神)의 존재를 판단하거나 논하거나 하는 것은 부질없다. 오직, 저쪽에 있는 신이 인간 쪽으로 건너와서 자신을 드러내고 허락하는 그 만큼만 알 수 있다.

하나님의 자기 계시를 하나님 자신이 집약케 한 최종적이며 유일한 권위를 가진 책이 '성경'이다. 기독교는 이 성경에서 출발한 종교이며, 성경이라는 틀 안에 머물면서 하나님을 경배하는 종교이다. 반면에 유대교는 이 성경의 첫 다섯 권(모세5경)에만 머물러 있는 종교이다. 기독교를 유대교에서 출발하여 발전한 종교라고 보는 것은 인류 역사(歷史)라는 물줄기의 흐름을 따라 종교를 바라보는, 인간본위적 시각이다. 종교란 본질적으로 신의 시각에서 바라보고, 신의 기준에 부합시켜야 하는 것이다. 이런 충분하고 완성된 형태의 종교는 기독교뿐이다.

불경과 성경은 대등한 권위를 가진 경전(經典)이 아니다. 초월적이며 절대적 진리를 파악할 수 있게 하는 능력과 권위를 가지고 있는가? 인간의 존재와 삶을 근본적으로 변혁시킬 수 있는가? 그 주장과 내용에 거짓과 헛됨이 없는가? 역사적 사실성을 검증할 수 있는가? 이런 질문과 필요성에 대해 불경은 충분한 답변을 하지 못한다. 불경은 진리에 대한 유한한 피조물의 깨달음을 담은 책이지만 성경은 영존하며 무한한 절대자의 계시이다.

'창조주'는 피조물과 유사한 존재인가?

02 유일신론에 대해

> **불교는** 창조신 여호와는 희노애락에 물든 중생의
> 하나일 뿐이라고 말한다.
>
> **기독교는** 유한은 무한을 파악할 수 없다고 답한다.

인류는 피조세계의 어떤 무엇을 통해서도 창조주 여호와의 모습을 확인하거나 유추해내지 못한다. 창조주의 본성 및 속성 그리고 존재방식은 피조물의 것과 전적으로, 완벽하게, 질적으로 다르다. 창조주가 피조물과 유사하다고 느끼는 것은 창조주가 자신을 계시할 때 피조물인 우리가 인지할 수 있는 방법들을 사용하셨기 때문이다.

불교는 존재하는 모든 것은 예외 없이 생자필멸 제법무상이라는 법칙의 지배를 받는다는 전제한다. 이 전제에 근거하여 기독교의 유일신(唯一神)을 부정한다.

> "만약 세상을 만든 자가 있어서 세상이 존재한다면 만든 자는 누가 만들었느냐?"(22) [2]
> "만약 여호와에게 몸이 있고, 느낌이 있고, 인식이 있고, 의지가 있고, 의식이 있다면 무상을 면할 수 없다. 몸을 비롯한 의식과 모든 의식작용은 쉴사이 없이 변하는 것이고 생멸을 겪을 수밖에 없기 때문에 여호와라 할지라도 영원할 수는 없다"(23).

이 작업가설은 부당하며, 결국 부당한 결론에 도달한다. 필자가 볼 때, 이 작업가설이 취한 논리는 불교의 기본전제는 무조건 진리라고 가정하고 이 가정에 따라 기독교의 신 개념을 칼질하는 방식이다. 세상을 창조한 신은 누가 창조했느냐는, 오직 창조주 자신만이 정확하게 답변할 수 있는 질문을 던져놓고는, 그 창조주의 답변에는 귀를 막고 불교가 전통적으로 믿어온 결론을 내놓는 방식이다. 먼저, 창조주 하나님의 '나는 스스로 있는 나다'라는 선언의 진실성을 고찰했어야 한다.

---

2) 대승불교를 체계화한 용수(나가르주나, 150?-250?)가 ≪중론(中論)≫에서 한 말인데, 이제열의 책 22쪽에서 재인용한다. 용수는 원시불교 전통 즉, 상좌부불교에서 출발해서 '공' 사상을 기초로 삼아 대승불교 교리체계를 정립했다.

이 작업가설은 "만약~이라면"이라는 가설적 조건을 설정하고 임시적 결론을 제시하는 논증방식을 취했다. "만약~이라면"이라는 가설적 조건은 아직 확증된 것이 아니기에 이 문장에 덧붙인 결론은 확정된 것이 아니다. 아직, 증명해야할 것이 남아있다는 의미일 뿐이다. 확실성 측면에서, "만약에 세상을 창조한 신이 **있다면**"이라는 말과, "만약에 세상을 창조한 신이 **없다면**"이라는 말은 똑같다. 신이 있는지 없는지를 화자 자신이 장담조차 못하기 때문이다.

신이 있는지 없는지를 확증하기 전에는 어떤 것도 확실하지 않다. 그러므로 불자가 "만약에~라면……이다"라는 작업가설에서 무엇이 사실인지를 확증하지 않은 채 자신의 결론이 참이라고 주장하는 것은, 자신의 상상력을 뛰어넘는 어떤 것도 용납하지 않겠다고 미리 확정해놓고 논의를 전개하는 셈이다.

여호와 하나님에게 몸이 있기 때문에, 번뇌와 생자필멸의 굴레를 벗어날 수 없다고 단정하는 것은 커다란 오류다. "여호와에게 몸이 있다"라고 가정했기 때문에 이런 오류에 빠졌다. 성경은 하나님은 영이라고 선언한다(요한복음 4:24). 사실, 성경은 세 종류의 이성적 존재를 거론한다. 하나님, 천사, 그리고 사람이다. 이성적 존재는 개별적 인격체라는 점에서, "몸"이 있다고 말할 수 있다. 그러나 영적 인격체인 하나님과 천사와는 달리, 사람이라는 인격체는 영혼과 육체의 결합체이다. 달리 말하자면, 사람은 영성과 인성의 결합체 혹은, 영적 몸과 육적 몸의 결합체 혹은, 속 사람과 겉 사람의 결합체이다.

성경 어디에도, 하나님이 사람의 육신에 준하는 형체를 가졌고 청각기관이 있어서 들을 수 있고 시각기관이 있어서 볼 수 있다는 식으로 가르치지 않는다. 오히려 하나님은 '몸'이 없어서 무소부재하시고, 사람처럼 눈이 없어도 모든 것을 보시고, 사람처럼 귀가 없어도 모든 것을 들으신다. 불자는 이 신비를 전혀 이해하지 못했다.

불교는 사람이 죽었을 때 그 '몸'을 불에 태워 없앤다고 해서 '사람'이 소멸된다고 가르치지 않는다. 사람은 죽은 뒤에 업에 따라 지옥에 던져져 각종 고통을 겪거나 극락에서 즐거운 생을 누린다고 가르친다. 그렇다면 지옥에서 고통을 겪는 그 몸은 어떤 몸인가? 어디에서, 어떻게 생겨난 몸인가? 붓다가 현생에 나타나는 것은 실체가 없는 환상인가? 만일 실체라면 붓다가 열반에서 이쪽으로 다시 건너올 때 갖게 된 그 '몸'은 어떤 몸이며, 어디에서 난 것인가? 붓다가 열반에서 현생으로 건너올 때 다시 몸이 생겼기에, 붓다는 다시 번뇌와 생자필멸의 굴레에 갇히게 된 것이고 윤회를 위해 다시 정진해야 하는가?

불자들이 법신(法身), 보신(報身), 화신(化身), 응신(應身)을 거론할 때 이들에게 그리고 붓다도 '몸'(身)이 있고 의식이 있으니 여전히 번뇌를 겪고 생자필멸을 겪고 있으니 다시 해탈을 위해 정진해야 한다고 말하지 않는다. 다시 말해서, 불가에서 말하는 것처럼 모든 존재는 생자필멸을 겪는다면 '여래'(如來)라는 존재 역시 번뇌를 겪고, 아미타불이 인연생기에 얽매여 있다고 생각하든지 아니면, 여래도 아미타불도 몸이 없다고 즉, 존재가 아니라고 인정하든지 해야 한다.

여래가 실체이고 아미타불이 존재하며 중생을 제도하고 불국토를 세워 다스린다는 것이 불교의 가르침이라면, 사실상 불교는 여래 혹은 아미타불과 같은 번뇌를 겪지 않고 생자필멸의 굴레에서 벗어난 신비로운 몸이 존재한다고 가르치는 셈이다. 불자가 자신의 종교에 대해서는 말없이 수용하는 바로 그 개념을, 기독교에 대해서는 거부하는 것은 논리적 일관성과 공평성을 상실한 처사다.

성경은 하나님은 "만유보다 크시다"라고(요한복음 10:29) 즉, 무한(無限)하시다고 가르친다. 무한은 모든 한계를 뛰어넘는다는 뜻이다. 시간적으로든, 공간적으로든, 어떤 능력으로든 제약을 받지 않으며 극복하지 못할 어려움이란 결코 있을 수 없다는 뜻이다. 인간의 어떤 척도(尺度)로도 측량할 수 없고 인간의 어떤 능력으로도 헤아려 알아낼 수 없다는 뜻이다. 그러므로 무한하신 하나님을 유한한 인간은 자신의 능력으로는 조금도 알아내지 못한다고 인정해야 한다. 유한하고 불완전한 상상력 속에 무한한 하나님을 가두고 재단하면 안 된다.

성경은 무한한 하나님이 유한한 세계에 속한 유한한 인간에게 다가와 하나님 자신과 뜻을 알아들을 수 있도록 인간의 언설로 표현해주신 것이다. 마치 걸출한 철학자인 아버지가 위대하고 깊은 통찰을 어린 자녀에게 전수해주는 것과 같다. 아버지는 어린 자녀의 눈높이에 맞춰야 한다. 유치하게 굴기도 하고 눈을 부릅뜨며 위협하기도 하고 달래기도 해야 하고 짐승소리를 내기도 한다. 그래서 성경은 하나님을 아버지라고 부른다. 불교는 세상과 삶에서 도망치는 종교이다. 기독교는 하나님 아버지의 능력으로 세상을 이기는 종교이며, 승리자의 향취가 그 내면에서부터 흘러넘치게 만드는 종교다(고린도후서 2:14-16).

셋이 하나요 하나가 셋이란 무엇일까?
03 삼위일체론에 대해

불교는 삼신설(三身說)이 삼위일체론의 이치를
담고 있다고 **말한다.**

기독교는 삼신설은 일신설에 불과하며
붓다를 연기법에 옭아맬 뿐이라고 **답한다.**

'삼위일체'란 하나님의 존재에 대한 자기계시에서 도출한 개념이다. 기독교라는 종교의 고유한 특성과 원리, 구원과 회복, 심지어 기독교의 모든 것은 삼위일체를 조금도 벗어나지 않으며, 결코 벗어나서도 안 된다. 기독교는 삼위일체에서 시작해서 삼위일체로 끝난다.

1. 불자는 "예수는 창조신 여호와의 영이 인간화된 존재"라고 말한다.

> "기독교 교리에서는……삼위를 말하면서 아들은 본래 명칭만 다를 뿐 동격이라고 가르친다. 이 교리에 따르면 성부도 하나님이고 성령도 하나님이며 성자도 하나님이다"(99).

"명칭만 다를 뿐"이라는 표현에 주목하면 불자는 기독교가 사실상 단일신론(單一神論)을 가르친다고 이해한 것이다. 이때 삼위일체론에서 사용하는 용어인 위격(位格)을 지위를 가리키는 명칭으로 보고, '하나의 몸체'를 가진 여호와 신이 세 이름으로 행세하는 식이며 명칭만 다를 뿐 그 자격은 동등하다는 의미로 '동격'이라는 말을 사용하는 것으로 본 것 같다.

불교의 이러한 설명은 몰이해이며, 기독교의 첫 시대부터 지금까지 이단(異端)으로 규정하여 배척한 설명방식 즉, 하나의 실체가 세 가지 다른 형상으로 차례대로 나타난 것이라는 양태론(樣態論) 이단의 설명방식이다.

삼위일체를 설명할 때 사용하는 용어에서 '격'은 인격적 실체 그 자체를 가리키는 헬라어 '휘포스타시스'를 번역한 말을 한역(漢譯)한 것이다. '삼위'는 그 인격적 실체가 셋이며 각각 아버지, 아들, 영이라는 호칭으로 구별된다는 뜻이다. 삼위일체의 올바른, 그러면서도 가장 간단한 표현은 "셋인 동시에 하나"라는 말이다. 하나

안에 셋이 있으며 셋은 곧 하나이고, 하나인 동시에 셋이며, 셋은 서로 섞이지도 나뉘지도 않으며 각자 고유한 개성을 가지고 있으되 하나라는 것이다. 셋을 합하더라도 하나보다 더 크지도 않고 하나가 셋보다 작지 않다. 여호와는 이런 분이다. 신비 그 자체이다.

기독교인들이 지식과 지혜를 자랑코자 한다면 결코 삼위일체론 따위를 궁리해 내지 않을 것이다. 아무리 뛰어난 언변을 가졌더라도 이런 주장으로는 다른 사람들을 설복시키지 못할 것이기 때문이다. 기독교가 이렇게 주장하는 것은, 하나님이 자신을 드러낸 말씀 즉, 성경에서 그렇게 가르치기 때문이며, 아버지가 자녀들에게 알려주고 싶은 진리가 그것이기 때문이다.

기독교인이 경배하는 살아계신 하나님은 인격적 실체로는 셋이며 각기 고유한 개성을 가지고 있으면서도 본체론적으로는 하나이신 분이다. 그 세 위격의 자격과 권능은 차이가 없고 우열이 없고 모자람도 없고 더함도 없으시며, 동등하게 완전하고 동등하게 충만하며 동등하게 영원한 하나님이다. 다만 우리를 위해, 우리의 인식과 지능을 고려하여 아버지, 아들, 영이라는 명칭을 스스로 취하여 우리에게 나타내신 것이다. 한 인격체가 세 개의 명칭과 자격으로 활동한 것을 세 인격체가 있다고 말하는 것이 아니다. 이것은 거짓일 뿐이다. 삼위일체 하나님은 진리 그 자체이며, 영원한 신비이다. 그렇다, 신비이다.

2. 불교는 기독교의 삼위일체에 대비시켜 불교의 삼신설(三身說)을 제시한다.

> "삼신설은 부처님의 몸에 세 종류가 있다는 교설로⋯⋯ 삼신은 법신(法身), 보신(報身), 화신(化身)이다. 먼저 법신은 우주에 충만한 진리 그 자체로서의 몸을 가리키고, 보신은 법신을 깨닫기 위해 이룬 갖가지 공덕의 몸을 가리키며, 화신은 법신의 보살이 인격화된 몸을 가리킨다. 이들을 금에 비유한다면 금 자체는 법신에 해당하고 그 금이 지닌 가치는 보신에 해당하며 금으로 만든 팔찌, 귀걸이, 목걸이 등은 화신에 해당되는 것이다"(100-101).

불자가 부처의 몸은 법신(法身), 보신(報身), 화신(化身), 이렇게 셋이라고 주장한다. 불자의 말에서 먼저 주목할 것은, 부처의 몸은 셋이라는 주장이다. 여기에서 '몸'은 무슨 뜻인가? 세 번째 몸인 '화신'은 몸이 되었다는 말인데 '인격화된 몸'이라는 설명을 보면 우리가 평상시에 사용하는 '몸' 즉, 사람의 몸을 가리키는 뜻으로 보는 것이 옳겠다. 그러면 법신의 몸과, 보신의 몸은 어떤 형체일까? 여튼 이 두 '몸'은 사실상 화신의 '몸'과는 차원이 다른 혹은 질이 다른 몸인 것만은 틀림없겠다.

게다가 삼신설은 본래 부처는 하나인데 마치 옷을 갈아입거나 번갈아 탈을 쓰는 것처럼 세 개의 서로 다른 몸을 사용한다는 뜻인가? 고타마 붓다 즉, 석가모니는 분명히 하나이기 때문에 이 의문이 생긴다. 원시불교는 고타마 싯다르타가 수행 끝에 해탈하였고 열반에 들었다고 설명한다. 삼신설은 법신이 고타마 싯다르타로 '성육신'하여 해탈의 경지에 도달한 후 '화신'의 모습으로 즉, 원래의 법신의 차원으로 되돌아간 것인가? 아니면, 원래 법신과 보신, 이렇게 두 몸이 있었는데, 고타마 싯다르타가 해탈하고 열반에 들어가 셋이 된 것인가?

아니면, 서로 다른 세 부처가 존재한다는 뜻인가? 불자가 사용한 '몸'이라는 용어를 참작하면 서로 다른, 판명하게 구별되는 세 부처가 존재한다는 뜻일 수도 있다. 만일 서로 다른 세 개의 몸이 존재한다면 그것은 서로 다른 세 개의 존재가 있다는 뜻이 되고, 불교의 삼신설(三身說)은 석가모니 부처는 사실상 셋이라는 주장과 다를 것이 없게 된다.

반면에 앞 장에서, 불자가 삼신설을 정확하게 예시하려고 제시한 비유는 사실상 일신설(一身說)에 해당한다. 황금은 실체이지만 거기에 붙는 가치는 황금 그 자체가 아니며, 다른 것과 교환할 때 얼마나 받을 수 있을지를 나타낼 뿐이다. 게다가 그 황금으로 팔찌 귀걸이 목걸이 등을 만들었을 때 본래의 황금은 더 이상 존재하지 않고 각종 장식물로 바뀌었다.

황금이 어떤 가치를 가지고 있더라도 황금을 보유할 때는 그 가치만큼 다른 것이 물건이 있는 것이 아니다. 쌀 100kg 가치를 갖는 황금을 내가 손에 쥐고 있을 때 나는 쌀을 100kg도 동시에 쥐고 있는 것이 아니다. 그 황금의 가치인 쌀 100kg과 바꾸면 내 손에는 더 이상 그 황금이 없고 쌀이 있을 뿐이다. 그러므로 불교의 삼신설은 본질상 일신설 즉, 단일설이라고 해도 크게 틀리지 않을 것이다. 불교의 삼신설은 종교의 본질을 선명하게 드러내기에는 역부족이다. 무엇보다도 고타마 붓다의 원음에서 삼신설의 기초가 없다. 반면에 기독교의 삼위일체는 성경 자체의 신비로운 증언이다. 기독교의 근본교리 및 원리를 파고들수록 삼위일체가 정교하고 놀랍게 작동하는 모습을 확인할 수 있다. 불교는 소멸된 교주를 기린다. 기독교는 살아계시며 은혜를 베푸는 전능자를 경배한다.

신은
인간의 공덕에 좌우되는 피동적인 존재인가?

04 신의 현현(顯現)에 대해

불교는 사람이 공덕을 쌓아야 붓다를 친견한다**고 말한다.**
기독교는 하나님은 죄인에게 자신을 나타내고
구원을 베푸신다**고 답한다.**

진정한 의미에서 '신'은 그 자신은 존재하는 모든 것의 원인이지만 그 자신에 대하여는 원인이 없는 존재이다. 이 점의 극히 적은 일단을, 오직 자신만이 자신에게 원인이 된다거나 '스스로 좋아서' 그렇게 한다는 말로 나타낼 수 있을 뿐이다. 본래적으로, '피동성'은 하나님에게서는 찾을 수 없는 특성이다. 인간의 어떤 공로 혹은 미덕으로 하나님을 감동시키거나 움직이게 할 수 없다. 게다가 인간의 그 어떤 공로든 본디 인간 그 자신이 자신을 위해 마땅히 해야 하는 도리이며 본분이며 의무이다.

불자는 중생이 **공덕을 쌓아야** 붓다를 친견한다고 다음과 같이 말한다.

> 중생들이 법신을 깨닫고 보신과 화신을 보거나 세상에 나타내기 위해서는 마음 가운데 한량없는 공덕의 씨앗을 심어야 한다. 어떤 중생이든지 마음으로 성스러운 행을 닦으면 그 결과에 의해 부처님의 세 가지 모습을 친견하게 된다(101).

이 인용문 바로 앞에서 불자는 "우주에 충분한 진리 그 자체"인 법신(法身)도 "중생의 마음"을 통해서만 그 정체가 파악되고 "보신과 화신 역시 중생의 마음이 지은 행위의 결과에 의해 생겨나기 때문에 절대 독자적으로 존재할 수 없다"라고 말한다(101).

기독교 입장에서, 불자의 이 말은 괴상망측한 말이다. 중생이 공덕을 쌓아야 법신을 친견할 수 있다는 말과 보신과 화신 또한 "절대 독자적으로 존재할 수 없다"는 말은, 붓다의 세 몸은 주동적으로 현현하지 못하고 사람이 자기 마음속에 공덕의 씨앗을 심고 한량없이 공덕을 쌓아야만 그 사람의 마음속에 생겨난다는 뜻이다.

중생이 마음에 쌓은 공덕에 의해 친견하게 된 붓다는, 해탈하여 몸을 소멸하고 열반에 들어간 고타마 붓다를 중생의 공덕이 다시 붓다에게 몸을 부여해 중생의 마음속으로 다시 끌어낸 것인지 아니면, 마음에 쌓은 공덕이 새롭게 만들어낸 붓다인지, 분명치 않다. 중생이 친견한 붓다는 결코 환상일 리가 없다. 실체니까 친견일 텐데, 그러면 중생의 마음속에 실체로 찾아온 붓다의 몸은 친견 이후엔 다시 소멸되는가?

문제는, 중생의 공력에 의해 붓다는 다시 '몸'을 가질 수밖에 없게 되었다는 점이다. 친견된 붓다의 몸은 어떤 몸인가? 붓다의 이 몸은 중생의 마음에 다시 얽매였고, 인연생기의 법칙 속으로 돌아온 몸이라고 볼 수밖에 없다. 중생의 공력 때문에 친견이 이뤄질 수밖에 없다면, 붓다는 이 공력에 붙잡혀 자유를 상실한 상태에 있다.

붓다를 친견할 수 있는 공덕을 중생 스스로 '한량없이' 쌓을 수 있다면 붓다가 존재할 필요는 무엇이며, 도대체 붓다를 친견할 이유는 무엇인가? '한량없이' 공덕을 쌓을 것을 요구하고 멀찍이 물러나 있다면 굳이 그런 존재를 친견할 이유도 없고 필요도 없다. 더욱이, 붓다가 중생의 무지와 무능력을 뚫고 자신을 나타내지 못하고, 중생이 한량없는 공덕을 쌓아야 나타난다면, 친견은 사실상 불가능하다. 짧은 인생을 살면서 불가능한 일에 굳이 매달릴 필요가 없다.

사람은 맨 눈으로 태양을 보지 못한다. 맨 눈으로 태양을 응시하려고 애를 쓸수록 오히려 눈은 극심한 통증을 겪고 시력을 손상당할 수도 있다. 사람이 불법을 닦아 아무리 공력을 쌓더라도 태양을 맨 눈으로 살펴보지는 못할 것이다. 다행히, 거의 모든 사람은 태양을 응시할 이유도 필요도 없다. 태양은 중생과도 공력과도 전혀 상관없이 뜨고 진다. 악인에게도 선인에게도 공평하게 빛과 열기를 나눠준다. 태양이 제공하는 빛과 열기에 의해 식물이 자라나고 중생은 농사를 지을 수가 있다. 중생이 공덕을 전혀 쌓지 않아도 뜨고 지는 태양이나, 도도히 흐르며 대지를 적시고 농작물에 수분을 공급해주는 강물이 차라리 붓다보다 월등히 낫다.

불교와는 정반대로, 기독교는 하나님을 찾고 구원을 궁구함으로써 세상에서 만들어진 종교가 아니다. 하나님이 때와 방법과 정도를 선택하여 자신을 나타냄으로써 시작된 종교이다. 하나님은 아무런 조건이나 영향력을 받지 않고 전적으로 그리고 철저하게 독자적으로 창조를 하셨고, 자신을 드러내셨고, 자신의 백성을 선택하셨다. 선택받은 쪽에서의 공덕 때문이 아니었다.

> 출애굽기 6:2-3, "나는 여호와로라 내가 아브라함과 이삭과 야곱에게 전능의 하나님으로 나타났으나 나의 이름을 여호와로는 그들에게 알리지 아니하였고."
> 신명기 33:26, "하나님 같은 자 없도다 그가 너를 도우시려고 하늘을 타시고 궁창에서 위엄을 나타내시는도다."
> 디도서 3:3-5, "우리도 전에는 어리석은 자요 순종치 아니한 자요 속은 자요 각색 정욕과 행락에 종노릇한 자요 악독과 투기로 지낸 자요 가증스러운 자요 피차 미워한 자이었으나 우리 구

> 주 하나님의 자비와 사람 사랑하심을 나타내실 때에 우리
> 를 구원하시되 우리의 행한바 의로운 행위로 말미암지 아
> 니하고 오직 그의 긍휼하심을 좇아 중생의 씻음과 성령의
> 새롭게 하심으로 하셨나니."

하나님 자신만이 아니라 천지만물이 하나님이 하신 일 그리고 하나님의 영광을 나타낸다.

> 시편 19:1, "하늘이 하나님의 영광을 선포하고 궁창이 그 손으로 하신
> 일을 나타내는도다."
> 시편 97:6, "하늘이 그 의를 선포하니 모든 백성이 그 영광을 보았도다."

그러므로 하나님이 없다하는 자는 어리석은 자이며(시편 14:1, 53:1), 핑계치 못할 것이며(롬 1:20), 벌써 정죄와 심판을 받았다(요한복음 3:18). 하나님은 우리 주 예수 그리스도 안에서 자신을 온전히 나타내셨고(요한복음 14:9), 하늘의 모든 신령한 복으로 복을 주셨고(에베소서 1:3), 하나님 자신의 기쁘신 뜻대로 우리를 택정하여 자기 자녀로 삼으셨다(에베소서 1:4). 기독교인은 그리스도의 한량없는 공덕을 무조건적으로 거저 선물로 받고 구원을 받고 그리스도로 덧입혀진 자들이다. 불교는 사람들이 세상에서 도망치려고 만들어낸 종교다. 기독교는 세상에 구원과 축복을 베풀기 위해 하나님이 주신 종교다.

원인 없는 실체가 있을 수 있을까?
05 창조론에 대해

불교는 기독교가 원인과 조건의 법칙에 무지하다**고 말한다**.
기독교는 불교야말로 원인과 조건의 법칙에 무지하다**고 답한다**.

피조세계에서 일어나는 모든 현상과 실존은 필연적으로 원인과 결과의 법칙에 매여 있다. 참된 신은 피조물이 아니며 피조세계에 속박되어 있지 않다. 따라서 피조세계를 관찰하여 도출한 결과물인 '연기법' 혹은 '인과론'을 하나님께 적용할 수 없고, 원인 없는 실체가 존재할 수 있느냐는 식의 의문을 하나님에 대해 제기한다면, 존재할 수 있다는 답변밖에는 없다. 이 답변에 대해 왈가왈부할 때 결국, 사고력의 한계와 인식의 무능과 무지를 드러낼 뿐이다.

불교는 기독교식의 '태초'를 부정한다. 이 부정은 원인이 없고 시작이 없는 존재인 창조주 하나님이라는 실체를 인정할 수 없고, 따라서 성경의 첫 책인 창세기의 진실성을 그리고 여호와 하나님의 능력과 구원을 부인하는 것이다. 이 부정의 근거가 불교의 인과론이다.

> 현재의 세상이 태초의 신으로부터 원인되었다면 태초의 원인인 신도 원인이 있어야 하고, 그 원인 역시 원인이 있어야 한다.……결국 세상은 원인과 결과의 끝없는 순환만이 있을 뿐 최초의 창조주는 존재할 수 없게 된다(27).

먼저, 불교의 논리는 인연법, 원인과 결과의 무한한 순환에 대해서도 마찬가지로 원인이 있어야 한다는 점과, 그 원인은 당연하게도 이 법칙의 밖에 있어야 한다는 점을 의도적으로 간과한다. 상식적으로, 아이가 잉태된 원인은 그 아이에게 있지 않다. 물이 높은 곳에서 낮은 곳으로 흐르는 원인은 그 물 자체에 있지 않다. 마찬가지로 법칙이 존재한다면 그 법칙을 존재케 하고 유지해주는 힘은 그 법칙 내부에만 있는 것이 아니다. 원인과 결과가 무한히 순환된다면 무한히 순환시키는 힘은 무엇인지, 원인과 결과가 정확하게 연결되게 하는 힘이 무엇인지를 밝혀야 한다. 이것이 진리를 아는 것이다.

둘째, 불교는 눈에 보이는 것에만 의존해서 말하고 있다. 따라서 불자는 최우선적으로, 인간의 한계를 인정하는 깨우침이 필요하다. 모름지기 인간은 자신의 한계를 인정할 때에만, 그 한계를 넘어서는 것은 감당할 수도 없고 충분히 파악할 수도 없다고 인정할 수 있다. 이때 비로소 자기 능력 밖의 것을 제대로 보기 시작한다.

어떤 인간도 태양이 동쪽에서 뜨고 서쪽으로 지는 이유와 원인을 알지 못했다. 바람에 낙엽이 날릴 때에도 바람이 왜 부는지, 낙엽은 왜 떨어지는지도 몰랐다. 해가 뜨는 높이가 달라지는 원인, 춘하추동 계절변화가 일어나는 원인, 왜 더워지고 추워지는지 그 원인도 몰랐다. 태양이 도는 것이 아니라 우리가 밟고 살아가는 땅덩어리가 팽이처럼 자전(自轉)하며 태양을 중심으로 공전(公轉)하는지 그 이유를 몰랐다. 그렇다. 이유를 모르는 것이 아주 많다. 그럼에도 실체적 사실이라고 받아들여야 할 것이 너무나 많다.

인간의 상상력에는 한계가 있다. 이것은 부인할 수 없는 사실이다. 그래서 종종, 상상조차 할 수 없었던 일이 벌어졌다고 말하기도 한다. 그렇다면 상상력의 끝 건너편에 무엇이 있고 없다고 단정할 수 있는 사람은 없다. 그렇기 때문에 고타마 붓다가 신의 영역, 초월과 영원에 대해 논하기를 거부하고, 그런 문제와 씨름하지 말라고 제자들에게 권고한 것은 정직한 판단이며 올바른 처세이다.

그런데 후기의, 대승불교에 이르러서는 고타마 붓다의 교설과는 달리 영원불변한 붓다의 실존에 대해 말하기도 한다. 그러면서도 마치 인간의 사고능력을 뛰어넘으며, 연기법을 뛰어넘는 어떤 것도 존재하지 않는다고 단정한다. 이것은 큰 잘못이다. "태초의 원인인 신도 원인이 있어야 한다"라는 주장은 마치 태엽으로 작동하는 인형이 자신을 만든 제작자에게, 제작자인 당신의 태엽을 감아 돌려 당신을 작동시켜주는 누군가가 존재하지 않으면 안 된다고, 만일 당신의 태엽을 감아주는 누군가가 없다면 당신은 실재하지 않는다고 주장하는 셈이다. 그러면 비로자나불은 누가 존재케 하는가? 우주에 충만한 진리는 누가 충만케 했는가?

성경은 "아비도 없고 어미도 없고 족보도 없고 시작한 날도 없고 생명의 끝도 없"는 존재에 대해 증언한다(히브리서 7:3). 이 증언은 거짓말인가? 사실을 목도하거나 행한 자가 하는 말이, 듣는 자가 믿어지지 않는다는 그 한 마디에 거짓 증언이 되는가? 불자가 기독교가 증언하는 '태초'는 거짓 증언이라고 판단하는 객관적 근거는 없다. 인간적 추측 혹은 추론이다. '그럴 리가 없다'라는 단정이며, '있으면 곤란하다'는 입장이다.

가장 오래된 기록을 남긴 문명들인 수메르 문명, 이집트 문명, 바빌로니아 문명 등은 인류는 신에 의한 창조로 시작되었다는 기록을 남겼지만 그 창조신의 궁극적 기원에 대해서는 언급이 없다. 성경의 창세기 기록과 너무나 유사한 이 기록들은 어떻게 모두 거짓일 수 있으며, 어째서 고대문명은 인류와 세상의 기원에 대해 거짓 설명을 꾸며냈을까?

고대인들이 너무나 어리석고 미련해서 인류의 기원을 창조론으로 설명하고 그 창조신의 기원에 대해서는 상상력의 빈곤 때문에 생략했을까? 이럴 가능성은 거의 없다고 봐야 한다. 어떤 사건에 대한 파악, 설명, 그리고 분석은 기본적으로 인과관계의 파악에서 시작한다. 조상을 기억하고 역사기록물을 남길 때에도 연결고리에 대한 언급을 남긴다. 그렇다고 해서 출생의 연결고리가 무한히 이어지고, 만일 창조신이 있다면 그 창조신을 존재케 한 인과관계가 반드시 존재해야 한다는 식의 주장을 펼치는 것은 확실히 논리의 과잉이다.

불자가 불교의 연기법에 입각해서 기독교의 자존적 신 여호와는 존재할 수 없다고 주장하는 것은 자가당착이다. 인연생기 생자필멸과 같은 법칙이 실재한다고 불교가 주장한다면 이런 법칙이 존재하는 원인을 제시해야 하기 때문이다. 열반이 실재하고 적멸이 있다면 열반과 적멸을 실재케 한 진정한 원인을 규명해야 할 책임이 불교에게, 그리고 불자에게 있다. 존재하는 모든 것에는 원인과 결과가 얽혀있다고 불자가 말하기 때문이다.

불자들도 다르마(법), 니르바나(열반), '프라티트야 삼무파다'(인연생기를 실재하는 법칙처럼 말할 때 이 확고한 법칙들에게도 동등하게 인과관계 법칙을 적용해야 마땅하다. 다르마는 왜 한결같이 다르마인가? 무엇 때문에 열반만은 존재하는 데에도 변혁을 겪지도 무너지지도 없어지지도 않는가? 인연생기의 법칙과 응보의 법칙은 어떤 원인 때문에 성립되었고, 왜 변함없이 유지되는가? 이 법칙들은 언제쯤, 어떤 이유로 없어질까? 이런 질문들을 외면해서는 안 된다.

존재하는 모든 것은 인연생기의 법칙에 얽매여 있다는 깃발을 흔들며 인생을 허비해서는 안 된다. 실제로 '원인'을 찾아서 근원을 향해 올라가야 한다. 궁극적 원인이 무엇이라고 확인하고 밝혀야 한다. 원인을 정확하게 찾을 때 문제의 정확한 해법을 찾을 수 있기 때문이다. 인류의 체계적 지식과 학문 그리고 지성의 발달은 인과관계의 정확한 파악과 더불어 원인에 대한 정밀한 이해와 설명에 의한 것이라고 말할 수 있다.

배가 아픈 문제를 해결하기 위해서는 배가 아프다는 사실보다는 왜, 어떤 원인으로 배가 아픈지를 정확하게 알아내는 것이 근본적인 중요성을 갖는다. 약을 먹어도 낫지 않으면 왜 치유되지 않는지를 정확하게 알아야 한다. 진정한 원인을 찾아내고 그 원인의 실체가 무엇이며 그 원인을 원인으로 만든 것이 무엇인지를 알아내는 것은 결코 헛된 것도 불필요한 것도 아니다. 의학과 약학이 이렇게 발전했다.

그러나 지혜와 총명이 필요하다. 환자가 궁극의 참된 원인을 모두 알아낸 뒤에, 약을 먹겠으며 치료를 받겠다는 식의 태도는 잘못이다. 현명한 환자라면 신뢰할만한 의사가 내리는 처방이 이해가 안 되더라도 따른다. 일단 약을 복용하고 치료를 받으면서 병증에 차도가 있는지 살피면서 적절한 치료법을 찾는 경우도 있다. 이처럼 신뢰로 시작해야 진실에 도달하는 경우도 인간사에는 있다.

게다가 불자가 반드시 염두에 두어야할 사실이 있다. **번뇌의 원인을 알았다고 해서 번뇌가 없어지지 않는다**는 사실이다. 배가 아픈 진짜 원인이 무엇인지를 깨달았다고 해서 병이 없어지지 않는다. 살갗을 깊이 파고든 상처에서 피와 고름이 나올 때 의사와 환자는 그 환처에 대해 깊이 참선하고 선문답을 나누지 않는다. 깨달음을 추구하지 않는다. 병원으로 달려간다. 그런데 인생의 고통과 번뇌, 삶과 죽음을 둘러싼 근본문제에 대해서도 참된 원인을 찾아야 할 뿐만 아니라 생명의 주권자에게 달려가야 한다. 존재하는 모든 것을 존재케 하고, 존재하는 모든 것을 관통하는 법칙을 만들고 유지한, 원인 없는 원인자인 창조주가 존재한다는 증언을, 자신의 관념 속에 틀어박혀 거부하는 것은 어리석은 짓이다.

창조주가 자신은 존재한다고 말하는데 도대체 누가 어떤 권위를 가지고, 그 창조주를 존재케 한 원인을 찾아낼 수 없다는 이유로, 그런 창조주는 있을 리가 없다고 말하는가? 이런 의문이 마음속에서 떠오를 때는 먼저 재빨리, 자신의 지적 능력이 구름을 꿰뚫지도 한 길 사람 속을 꿰뚫지도 땅속으로 한 치도 뚫고 들어가지도 못한다는 사실을 직시해야 한다.

불교는 인과관계 법칙만 흔들어댄다. 인과관계라는 깃발을 흔들며 모든 것을 부인할 뿐 인과의 연결고리를 밟아 올라가지 않는다. 불교는 인과론을 말하지만 허무주의와 염세주의 이외에는 아무것도 내놓지 못한다. 인과율, 그 법칙을 만들고 유지하고 그 법칙을 자신의 뜻대로 운행하는 절대적 존재의 '원음'(原音)에 귀를 기울이지 못한다. 기독교는 절대궁극의 '원인 없는 원인'인 전능한 하나님의 출현과 성취와 가르침에서 시작한다. 창조와 변혁과 성취는 기독교인의 몫이다.

개인의 악행은 누구의 책임인가?
06 섭리론에 대해

불교는 섭리가 실재한다면
 개인의 악행도 신의 책임이라**고 반대한다.**

기독교는 섭리가 실재하지만
 개인의 악행은 신의 책임이 아니다**로 답한다.**

개인의 악행은 일차적으로 그리고 사실상 전적으로 그 개인의 책임이다. 악행은 그 개인의 내면 깊은 곳에서 나와 마음을 물들이고 행위로 나타낸 것이다. 어떤 누구에게도 그 책임을 미룰 수 없고 어떤 핑계로도 합리화하지 못한다. 개인은 자발성을 충분히 갖춘 독립적 행위주체로 창조되었고, 타락 사건과 원죄는 인간의 이 특성을 파괴하지 않았기 때문이다. 하나님의 주권과 섭리적 통치는 인간의 이 특성을 침해하지 않는 방식으로 이뤄진다.

불자는 기독교의 섭리론을 '존우론'(尊祐論)의 일종이라고 간주하여 거부한다. 존우론이란 신이 세상을 통치한다거나 세상사가 우연히 일어난다는 입장을 반대한다는 취지로 붙인 불교 용어이다. 불자는 신의 존재와 섭리를 무조건 반대하고, 이 반대를 합리화하기 위해 반론을 제기하는 태도를 보인다.

> 세상 모든 것이 신의 뜻에 따라 이루어진다면 생명을 파괴하고 남의 재물을 빼앗고 삿된 음행을 하고 거짓을 행하고 삿된 견해를 갖는 것도 신의 뜻인가?……만약 그와 같다면 세상에는 선행도 필요없고 노력도 필요없으며 신실에 대한 확고함을 얻지 못할 것이다(30).

불자는 세상만사가 신의 섭리에 의해 움직인다면 중생들이 일으키는 모든 행위에 대해서도 결국 신이 책임을 져야 하므로 중생들에게는 그 책임을 묻지 말아야 한다고 주장한다. 그리고 불자는 기독교 신자는 신이 인간에게 자유의지를 주었기에 인간 자신이 선악을 비롯한 여러 가지를 판단하고 선택할 능력과 기회를 주었다고 항변하겠지만 실제 악행사건에서 어디까지가 섭리이고 어디까지가 자유의지인지 명확하게 알 수 없다고 이의를 제기한다.

기독교는 불자가 섭리를 오해했고 반증사례를 잘못 들었다고 답한다. 안타깝게도, 불자는 섭리를 오해할 수밖에 없다. 왜냐, 창조주 여호와의 존재, 하나님의 완전성과 무한성과 영원성을 아예 인정하려들지 않고 따라서 이 속성들이 어떤 개념들을 내포하는지에 대해서도 전혀 알고자 하지 않기 때문이다. 심오한 신비를, 알기를 원치 않는데 얼마나 알겠는가?

섭리란, 창조주 하나님은 사람의 행위를 일일이 간섭하고 지시하며 강요하는 그런 방식으로 일하지 않는다는 뜻이다. 섭리를 인정한다고 해서 사람이 기계인형처럼, 허수아비처럼 되는 것이 아니다. 기독교인이나 불교인이나 똑같은 사람이다. 자율적이며 도덕적인 행위주체를 사람이라고 말하고 전능한 신을 받아들이며 섭리를 인정한다고 해서 사람이 인형으로 전락하는 것이 아니다. 전지전능한 신은 인간의 자율성, 의사결정 능력을 조금이라도 제한하거나 간섭하지 않고도 자신의 뜻을 성취할 수 있다. 인간의 의지와 권리를 전혀 침해하지 않은 채 그 사람을 사용할 수 있는 것은 신의 무한하고 선한 지혜와 능력 때문이다. 기독교는 이런 하나님 여호와가 시작한 종교이다.

섭리란, 일체의 피조물이 신의 뜻을 거역하고 온갖 방해물을 가져다놓아도 신은 자신의 목적을 성취할 수 있다는 뜻이다. 이스라엘의 왕이 청년을 죽이고 말겠다고 단단히 결심하고 실행에 옮길 때에도 모든 것이 신의 섭리 가운데 있었다. 그러나 왕의 결심과 행동에 대한 책임은 왕 자신이 내린 결정이며 스스로 한 행동이기에 자신이 책임져야 한다. 그런데 전지전능한 신이 만사에 빈틈없이 섭리를 펼칠 때, 전지전능한 여호와는 이스라엘 왕이 청년을 죽이고 싶은 욕구와 결심을 품고 실행토록 한 것에 대해 만약 책임이 있다면 어떤 책임을 져야 하는지, 불자는 아는가? 불자는 여호와가 책임을 져야 한다는 것을 어떻게 타당하게 입증할 것인가? 여호와 하나님을 소환해서 죄에 대해 조사할 검찰관은 누구이며 심판관은 누구이며 집행관은 누구인가? 투덜거릴만한 꼬투리가 그대로 다 죄목이 아니다.

설혹, 모사꾼의 간계에 빠져 치명적인 독배를 들이켰다면, 간교한 계책에 빠져 독배를 마신 책임은 모사꾼에게 옮겨지지 않는다. 물론 모사꾼에게도 책임이 있지만 직접 독배를 마시고 죽은 사람과 동일한 책임이 아니다. 당연하게도, 모사꾼의 죄질과 동기를 면밀히 따져야 한다. 모사꾼이 찻잔에 몰래 독약을 탔나? 독약을 보약이라고 속였나? 속일 의도가 없었지만 실수로 치사량이 넘는 분량을 넣어 죽게 만들었나? 모사꾼의 숨은 동기는 또 무엇이며, 하나님은 이 숨은 동기에 대해 어떤 책임을 져야 하는 것인가?

사기꾼에게 속아서 전 재산을 날린 사람은 자신의 파산책임을 그 사기꾼에게 돌린다고 해서 파산과 그로 인한 곤궁에서 벗어나지 못한다. 핑계가 현실을 되돌려주지 않는다. 자신의 재산을 잃은 책임과 후과는 자신과 가족이 져야 한다. 물론 사기꾼에게는 속이고 갈취한 죄와 책임이 있다. 당연하게도, 속인 자와 속은 자의 책임과 후과는 별개의 것이며, 각각 자신의 운명을 감당해야 한다.

여호와가 세상에서 벌어지는 온갖 악행의 배후에서 섭리할 때, 여호와가 악한 방법을 썼다고 불자는 어떻게 확신하는가? 이 확신을 어떻게 입증했기에 섭리적 신 여호와는 악하다고 단정하는가? 세상에서 벌어지는 온갖 악과 참상은 인간들이 저지른 온갖 악이 빚어낸 응보이기도 한데, 인간들이 뿌린 대로 거둬들이도록 섭리한 무한히 선한 하나님의 능력을 불신하는가? 섭리는 전지전능하며 무한한 지혜를 가진 신의 활동이지만, 사람의 자발적, 자기결정적 실행방식을 침해하지 않는 방식으로 작동한다. 인간이 다른 인간의 행동 및 의사결정을 간섭하고 지배하는 것과는 차원이 다르다.

불교는 사람은 인연생기의 법칙에 매여 있고 과보에서 벗어날 수가 없다고 말한다. 그렇다면 어떤 면에서는 기독교의 섭리와 유사한 원리를 인정하는 것이다. 어떤 사람이 악행을 행하는 것도 인연생기와 전생의 업보 때문이라면, 불교의 논리대로 하자면, 악행에 대해 인연생기 법칙이 전적으로 책임을 져야 한다. 거꾸로 말하자면, 자업자득이 옳다면 인연생기 인과응보 법칙을 부인해야 마땅하다.

만일 모든 불자도 인연생기와 인과응보의 법칙에 매여 있으므로 굳이 선행을 할 필요도 없고 노력도 필요 없고 신실할 필요도 없다고 말한다면, 그런 억지를 부리지 말라고 야단을 할 것이다. 불자는 인연생기와 인과응보는 흔들리지 않는 법칙이니 악업을 끊고 선업을 쌓고 더욱 불법에 정진하라고 말할 것이다. 까마득한 낭떠러지에서 사람을 밀어 떨어뜨려 죽인 살인자가 그 죽음은 만유인력의 법칙과 중력이 책임지든지 아니면, 만유인력의 법칙과 중력은 존재하지 않는다고 떠든다면 그 살인자에게 헛소리를 집어치우라고 해야 마땅하다.

종교와 진리 그리고 하나님은, 인간이 마땅히 책임져야할 것을 미루기 위해 인간이 발명해낸 것이 아니다. 불교의 기계적 인과율과는 달리, 기독교는 완전하고 무한한 지혜와 능력의 하나님의 명령과 약속과 능력 주심에 따라, 하나님을 경외하며 선행을 하고 상급을 기대한다.

> 로마서 2:6, "하나님께서 각 사람에게 그 행한 대로 보응하시되"
> 예레미야 17:10, "나 여호와는 심장을 살피며 폐부를 시험하고 각각 그 행위와 그 행실대로 보응하나니"

'나'라는 존재의 실체는 무엇인가?
07 인간론에 대해

불교는 생명의 본질을 윤회와 오온으로 **설명한다.**
기독교는 현상을 본질이라고 오판하지 말라고 **답한다.**

징후가 나타나는 것은 그 원인을 제공하는 실체가 존재한다는 증거다. 이 증거를 단지, 그 실체를 직접적으로 확인하지 못한다는 이유 때문에 무시한다면 그 실체가 존재하지 않는다고 오판하게 된다. 게다가 창조주가 영혼을 가진 "나"라는 존재를, "나"라는 자아를 인식하는 "나"라는 존재를 창조했다. 그리고 "사랑"하셨다. 나는 창조주의 손으로 빚어진 실체이며, 전능자의 무한하며 무조건적인 사랑을 받은 그런 존재다.

불교는 절대자가 인간을 영혼과 육의 결합체로 창조했다는 성경의 설명을 전면적으로 부정하고, 생명의 본질을 '업'에 따라 좌우되는 윤회와 오온으로 설명한다. 즉, "윤회란 현재의 업을 조건으로 새로운 오온을 받게 되는 과정"이라고 말한다(35).

> 오온(五蘊)은 색(色, 물질)·수(受, 느낌)·상(想, 생각)·행(行, 의도)·식(識, 의식)으로……오온 가운데 몸에 해당하는 색은 지수화풍 사대로 분류하고, 수상행식의 정신활동은 인간이 지닌 안(眼), 이(耳), 비(鼻), 설(舌), 신(身), 의(意)라는 여섯 가지 인식기관에 의해 발생한다(34).

불교는 인간이 겪는 괴로움, 인간의 행불행, 이런 것은 "신으로부터 오지 않고 인간 자체의 구조 속에서 어떤 법칙을 통해 발생하고 소멸한다고 보기 때문"에 기독교의 창조설을 거부한다(34). 그리고 불교의 전통적인 입장을 따라, "인간을 오온(五蘊)의 구조로 보고", 오온을 "인간의 몸과 마음을 총칭하는" 것으로 간주한다(34). 결코 간과해서는 안 되는 것은, 불교는 '영혼'의 실재를 부인한다는 점이다.

기독교는 먼저, 불교가 영혼의 존재와 자아의 실재를 부인하는 것은 잘못이라고 지적한다. 불교는 교주인 고타마 붓다 때부터 영혼의 존재를 부인하였고, 이 때문에 무아파(無我派)로 분류되었다. 2천 5백 년 전에 활동한 교조인 고타마 싯다르타 때부터, 육신이 없이 존재하는 영적 실체들인 하나님과 천사들 그리고 인간의 영혼이 실재한다는 것을 부인했다. 인간의 감각으로 그 실체성을 확인할 수 없었기 때문이다. 본질적 실체를 확실하게 파악하지 못한다는 빌미로, 영적 실체를 단지 '현상'과 '감각'으로만 간주했던 것이다.

바람을 예로 들어 말해보자. 수천 년 전에 도대체 어떤 누가 단순한 관찰과 감각기관과 사유에만 의존해서 바람의 실체를 파악할 수 있었을까? 고대인들이 어떻게 바람의 실체는 공기(空氣)이며 공기가 지표면에서 최대 1,000km 상공까지 '(지구)대기권'(大氣圈)을 형성하고, 80km 상공까지의 대기권은 수증기를 제외하고는 일정한 밀도를 갖는다는 사실을, 그리고 공기의 흐름이 바람이며, 급격하고 격렬하게 움직이면 태풍이 된다는 사실을, 그리고 그 공기란 질소, 수소, 산소 등의 분자들이 일정한 비율로 결합한 '실체'라는 것을 육안(肉眼)과 사유만으로 어떻게 알 수 있을까?

공기가 움직이지 않으면 마치 아무것도 없는 것과 같다. 공중(空中)에 바람이 불면 나뭇가지가 흔들리고 먼지가 날리는 모습을 보고 허공에서 어떤 기운(氣運)이 일어나 움직인다고 느낄 수 있을 뿐이다. 바람이 사라지면 뭔지 모를 기운이 사라져 허공(虛空)은 다시 평온해진다고 느낀다. 눈을 부릅떠봐야 먼지는 볼 수 있을지언정 공기의 실체를 구성하는 핵심물질인 산소와 질소를 보지는 못한다. 근대 과학이 산소와 질소라는 물질이 공기의 핵심요소들이고 질소가 1 대 4의 비율로 결합하여 공기를 이룬다고 밝혔더라도 여전히 우리의 감각기관은 공기의 실체를 파악하지 못한다. 공기가 실재한다고 교육을 받았기 때문에 정말 실재한다고 느낄 따름이다.

마치 바람의 실체를 파악하지도 못하니 공기의 실재성을 전혀 상상하지 못한 채 공기가 빠르게 지나가면 일으킨 현상들 및 감촉들을 바람이라고 판단하는 것과 같다. 마치 태양 그 자체의 본질을 파악할 수 없으니 태양을 구성하는 실체 그 자체가 아니라 빛과 열기를 뿜어내는 천구를 막연히 지칭하며, 그 빛과 열기를 아는 것으로 태양 그 자체를 안다고 여기는 셈이다.

결론적으로, 불교는 인간의 감각기관으로 그 실제성을 확증하지 못하고 따라서 사유의 대상으로 삼지 못한다는 그 이유로 어떤 실체의 실재성을 부인한다. 그 대신에 그 실체가 나타내는 현상을 본질적인 것으로 간주하는 오류를 품고 사유를 전개한 고대 인도철학이었다.

고대 인도인들은 바람의 실체가 산소와 질소들의 분자로 구성되었다는 것을 알 수가 없었다는, 자신도 알지 못하는 한계에 갇혀 있었다. 그러나 여러 가지 현상을 통해 어떤 실체가 있다는 결론에는 도달할 수 있었다.

고대 인도인들은 우주에 진리가 충만하다는 가정과, 공중에는 정확하게 알 수는 없지만 틀림없이 뭔가가 있다는 가정을 전제로 설정한 뒤에, 인간의 생명현상 및 생명유지에 직결되는 '호흡'을 하나로 연결하여 진리를 추구하는 철학을 발전시켰다. 네팔 남부에서 태어나 갠지즈 강 일대에서 활동한 고타마 싯다르타와 불교철학은 고대 인도철학의 이 한계에 갇혀 있었다. 정통 6파에 속하든 불교가 속하는 비정통 3파이든 자유롭게 되고(모크샤) 진리를 알기(사마디, 삼매) 위한 수련에서 호흡과 콧구멍을 극도로 중시했다.

　이러한 배경에서, 불교는 인간의 내적 본질인 영혼과 자아와 생명 그 자체를 도외시하고, 이런 것들에 대한 설명을 삿된 것으로 여겨 거부한다. 그 대신에 인간의 인식기관이 포착하고 사유할 수 있는 생명현상들에게 '오온'이라는 이름을 붙이고, 오온이 발생하는 것을 '윤회' 즉, 인간의 출생이라고 간주하는 것으로 만족한다. 결국, 불자는 살아있는 사람이 나타내는 징후들(vital signs)을 포착하기는 하지만 이를 고찰하여 생명의 본질과 영혼 문제를 다루기를 피하고 소망사고에 빠진 듯 '윤회'를 갈망한다.

　살아있는 사람에게는 '자아'가 있다. 우리는 자아의 실체를 파악하지 못해도 자아가 실재한다는 것을 부인하지 못한다. 시체의 육신은 고통스러운 자극에 반응하지 않는다. 그러나 살아있는 사람은 육신에 가해지는 자극에 반응할 뿐만 아니라 슬픈 장면을 보고 눈물을 흘리고 행복한 장면을 보고 기뻐한다. 사랑하는 자녀가 병들어 고통스러워할 때는 자신의 육신에 아무런 자극이 없음에도 불구하고 극심한 심적 고통을 느끼고, 심지어는 신체에 큰 영향을 주기도 한다. 흔히 불자는 '집착'과 집착으로 인한 '번뇌'라는 설명에서 멈추지만 정작 중요한 것은 이러한 번뇌를 겪는 '자아'의 실재와 상태 그리고 결부된 문제들이다.

바보는 자기 눈으로 본 것의 의미를 알지 못한다. 남의 재물을 탐내서 도둑질을 할 때에도 탐을 내고 도둑질을 행한 것은 오온이 아니라 오온을 일으킨, 그리고 탐심을 품고, 탐심을 억제하지 못한, 인간의 내적 실체이다. 인간의 내적 실체, 속사람, 영혼은 왜 탐심을 일으키는가? 왜 불의한 짓을 하는가? 이 문제를 어떻게 해결해야 하는가? 이런 문제가 인간과 세계의 근본문제라고 보고, 그 핵심에 닿아있는 진리를 추구하는 것이 곧 종교(宗敎)이다.

성경은 창조주가 피조물 인간을 어떻게 만들었는지에 대해 창조주 입장에서 증언한다. 하나님은 흙으로 몸을 빚고 그 코에 생기를 불어넣어 사람을 완성하였다. 육신과 영혼이 분리될 때 육신의 생명활동이 정지되고 부패가 진행되어 흙으로 돌아가는 것은 성경의 진술이 사실이라는 증거이다. 성경의 첫 장면 즉, 창조에 대한 기록은 인간의 생명에 대해 매우 본질적인 핵심을 드러낸다. 물과 흙과 빛이다. 물과 흙과 빛은 동식물의 존립의 근간이며 인간의 육신을 건강하게 유지하기 위한 근본요소이다. 인간이 음식을 먹는다는 것은 식물을 통해 물과 흙과 빛을 먹는 것이며, 흙속에 있는 여러 영양소를 섭취하는 것임을 현대 과학이 설명해 준다. 성경과 생명과학은 오늘날에도 여전히 부합한다.

그러나 물과 흙과 빛을 아무리 결합해도 '사람'이라는 존재가 만들어지지 않으며 생명활동이 나타나지 않는다. 인간의 몸을 구성하는 모든 분자요소들을 밝혀냈으나, 어떤 과학도 이러한 자연요소들을 결합하여 '인간'을 창조하지 못한다. 흙을 빚어 생물체를 만들어내는 기술은 요원하다. 하나님, 하나님의 창조능력, 그리고 영혼의 실재성에 대한 탁월한 반증이다. 하나님이 영적 실체를 불어넣어줄 때 흙덩어리는 사람이 되고, 사람다운 활동을 하는 존재가 되었다. 우리를 둘러싼, 우리가 의존하는 모든 것에 대해 의심할 수는 있어도 의심하는 '나'라는 자아가 내 육체 안에 있다는 그 사실만큼은 결코 부인할 수 없다. 이처럼 분명히 실재하는 것을, 없다고 하면 안 된다.

불교는 인간이 쌓는 '업'과 그 업을 지배하는 기계적 인과론을 '절대적이며 영원히 완전무결한 신(神)'으로 숭상하면서 인간의 실존을 부인한다. 인간 존재와 삶의 '허무'함을 깨닫고 전적으로 포기하게 만드는 것을 종교의 존재목적으로 이해한다. 반대로, 기독교는 창조주 하나님의 증언과 기록에서 인간의 존재가치와 창조목적을 확인하고, 모든 피조물 가운데 가장 존귀하고 복된 참 존재성을 회복하는 종교다. 창조주가 친히 이끌어주는 참 생명의 길이다.

불교는 생명현상을 본질로 간주한다. 삶을 허무하고 무의미한 것이며, 단지 선한 업(善業)을 쌓기 위한 기회로 본다. 기독교는 생명의 창조주의 은혜와 사랑에 이끌려 하나님 앞에서 거룩하고 복된 생명을 향유한다. 죄에 물들고 어둠에 갇힌 영혼이 하나님의 능력과 이김이 충만한, 하나님과 그리스도를 아는 삶을 살아가게 한다.

> 고린도후서 2:14, "항상 우리를 그리스도 안에서 이기게 하시고 우리로 말미암아 각처에서 그리스도를 아는 냄새를 나타내시는 하나님께 감사하노라."
> 에베소서 3:16, "그 영광의 풍성을 따라 그의 성령으로 말미암아 너희 속 사람을 능력으로 강건하게 하옵시며."

원죄는 신의 자기모순이며 폭정인가?
08 원죄론에 대해

불교는 조상의 잘못을 모든 후손에게 책임지우는 것은 잘못이라고 **주장한다.**

기독교는 잘못도 잘못 나름이라고 **답한다.**

원죄는 하나님의 권위와 능력 그리고 완전하심에 대한 인간의 자발적 자기 파괴적 반역이며 도전이다. 원죄는 첫 사람이 완전한 무죄상태에서 저지른 옛 사건이지만 우리 안에서 여전히 발견되는, 본성적 반역과 반항적 성향이라는, 도무지 부인할 수 없는, 우리 자신의 근원적인 죄이기도 하다.

불자는 기독교의 원죄론은 첫 사람 아담과 이브가 지은 죄과를 그 이후의 모든 인간에게도 돌려 죄인 취급하고 저주를 받게 만드는 것이라고 말하며 거부한다. 그리고 기독교의 원죄론을 다음과 같이 세 가지로 반박하고자 한다(37).

(첫째,) 신은 자신의 피조물이 죄를 범할 것을 사전에 알았다면 애초에 명령을 하지 말았어야 한다. 만일 몰랐다면 전지전능한 신이 아닐 것이다.

(둘째,) 신은 공의롭고 자비한 존재인데 어떻게 자신의 피조물이 저지른 한 번의 실수조차 용납지 않고 가혹한 형벌을 내릴 수 있을까?

(셋째,) 기독교는 인간은 굴욕적으로 굴복하고 신이 내리는 처분을 무조건적으로 수용할 수밖에 없는 존재로 묘사하고 신을 절대적인 권력을 가진 존재로 묘사한다.

기독교는 원죄론에 대해 제기된 의문에 대해 다음과 같이 간략하게 답하고, 설명하겠다.

첫째, 피조물이 장차 행할 행동을 고려하여 창조주가 자신의 계획을 수정하거나 피조물이 실패할 것을 염려하여 창조주가 명령을 내리지 말았어야 한다는 발상은 창조주의 전지전능함, 무한한 영광과 지혜를 전혀 이해하지 못했을 때 나온다. 창조주는 피조물의 행위와 조건에 구애받지도 방해받지도 않고 자신의 선한 목적을 성취할 수 있기 때문이다.

둘째, 형벌은 여호와가 공의롭기 때문이며, 공평하게 집행된다. 창조주 하나님이 내린 명령은 어떤 의미이며 얼마나 엄중한 것인지를 먼저 파악해야 한다. 하나님의 정의로운 징벌 속에는 무한한 자비와 사랑이 숨겨져 있다. 이 자비와 사랑을 깨달아야 한다.

셋째, 인간은 존귀한 존재이며 비천한 사람도 지극히 소중히 여기라는 것이 기독교의 가르침이다. 하나님은 미천하고 악한 죄인을 살리기 위해 자신의 영광과 생명을 내놓으셨다. 우리도 이렇게 해야 한다고 가르친다.

절대적인 창조주를 숭상하고 순종하는 것은 그의 피조물인 인간의 절대적인 의무요 본분이다. 하지만 하나님이 먼저, 우리를 절대적으로 사랑하셨다는 사실을 간과해서는 안 된다. 섭리는 우주와 천지만물을 창조하신 하나님이 자신의 피조세계를 다루신다는 뜻이다. 피조세계를 향한 하나님의 제일 본성은 선(善)이며 사랑이다. 섭리의 지향점 역시 하나님의 선과 사랑의 완성에 다름 아니다.

하나님은 무한한 지혜와 신묘막측한 배려로 인간에게 자발성과 자유행위 능력을 주셨고, 마땅히 준수해야할 판단기준과 행동지침을 주셨다. 인간은 의사결정을 할 때, 언제나 자신의 본성과 성질과 성향에 따라 아무런 강제를 받지 않고 결정을 내리고 행동한다.

무엇보다도 첫 인류는 하나님의 피조세계를 향한 하나님의 뜻과 하나님의 영광에 부합하도록 통치하고 관리할 충분한 능력을 갖춘 채 창조되었다. 당연하게도, 어떤 나무 열매를 먹지 말라고 하나님이 내린 명령의 취지와 결말에 대해 아무것도 모르지 않았을 것이다. 첫 인간은 그 명령에 대한 충분한 이해와 이행능력을 갖추고 있었고, 불순종으로 인해 초래될 파국에 대해서도 나름 알고 있었음에도 불구하고 탐욕에 눈이 어두워, 하나님의 명령에 불순종했다.

피조물의 이 불순종과 이로 인해 초래될 파탄을 하나님은 영원 전부터 완벽하게 아셨다. 그럼에도 불구하고 하나님은 자신의 계획을 조금도 변경하지 않고 집행하신다. 그리하여 하나님은 자신의 최종목적을 성취하고 자신이 받아야할 영광을 받으신다는 것이 바로 '섭리'이다. 하나님은 인간의 불순종과 죄악 그리고 전적 타락이라는 불행한 사건조차도 피조물이 하나님의 지혜와 선하심과 능력을 맛보게 만드는 경이로운 기회로 만드신다. 이것이 섭리다. 이것이 하나님의 능력이다.

불자는 마치 불충과 반역을 저질러 죄인이 된 반역도가 마치 왕 앞에서 왕과 동등한 대접을 받고 왕의 처결을 거절할 권리가 있으며 왕의 권세를 무시할 자유를 가진다고 말하는 셈이다. 도로교통법 혹은 교통경찰관의 지시에 철저히 순응하여 운전하는 것을 굴욕적이라고 생각하는 것이 온당할까? 교통범칙금을 내라는 통지를 받을 때 교통법규 혹은 경찰관을 절대시 하는 것은 옳지 않다고 여겨 멋대로 무시하고 범칙금 납부를 거부하는 것이 정당한가?

기독교는 하나님은 세계와 세계의 모든 것 그리고 세계를 관통하는 모든 법칙을 창조하신 분이며 따라서 창조주의 권리는 절대적인 왕의 권리와 같다고 본다. 창조주 하나님과, 하나님께 속한 일체의 권리는 피조물이 거부한다고 해서, 인정하지 않는다고 해서 없어지는 것이 결코 아님을 우리는 상기해야 한다. 인간의 허황된 권리주장은 합법성도 없지만 무엇보다도 능력이 결여되어 있다.

하나님은 무한한 절대권력을 가지셨다. 권력은 무한하고 절대적이지만 하나님의 본성은 선 그 자체이며, 자비와 사랑 그 자체이시며, 하나님의 본성은 영원불변하시다. 그러므로 하나님이 무한하고 절대적인 권력을 가졌다고 해서 무자비한 폭군처럼 권세를 휘두르며 변덕스럽게 일희일비하며 아첨에 휘둘리는 분이라고 생각할 필요가 없다. 하나님의 섭리는 사람이 발명해낸 사상이 아니다. 하나님이 섭리하신다는 사실을, 인간의 관점에서 불안해할 필요가 없다. 하나님은 빈틈이 없고 실수가 없으시다. 무한히 선하신 하나님이다.

모세는 "너는 네 하나님 여호와 앞에 완전하라"라고 명하신다(신명기 18:13). 하나님은 "반석이시니 그 공덕이 완전하고 그 모든 길이 공평하며 진실무망하신 하나님이시니 공의로우시고 정직하시"기 때문이다(신명기 32:4). 그리고 "이 하나님이 힘으로 내게 띠 띠우시며 내 길을 완전케 하시며……주의 구원하는 방패를 내게 주시며 주의 오른손이 나를 붙들고 주의 온유함이 나를 크게 하"시기 때문이다(시편 18:32, 35). 그러니 우리는 우리 "마음을 우리 하나님 여호와와 화합하여 완전케 하여……그 법도를 행하며 그 계명을" 즐겁게 지킨다(열왕기상 8:61). 그래서 우리는 "하나님의 모든 뜻 가운데서 완전하고 확신있게 서기를 구"한다(골로새서 4:12).

불교는 원죄론을 거부한다. 하지만 인생은 무한히 순환하는 인과관계의 사슬과 업보에 매여 있다고 가르친다. 기독교는 인간의 부패와 비참한 현실은 인간이 스스로 저지른 죄가 원인이며 하나님의 무한한 자비와 전능한 능력이 그 해결책이라고 가르친다.

각 개인의 죄악은 어디에서 오나?

09 죄의 원인에 대해

불교는 죄는 악행이며 죄의 원인은 무명이라**고 말한다.**
기독교는 악행의 뿌리에 대해 더 깊이 알아야 한다**고 답한다.**

불교는 보이는 현상만 본다. 기독교는 보이지 않는 본질을 파악한다. 각 개인은 부패한 자신의 본성에서 악을 쏟아낸다. 바로 이 문제 즉, 영혼의 죄성, 마음의 고질병을 완벽하게 치료할 수 있는 의사는 창조주뿐이다. 우리의 창조주가 우리를 치유하고 온전케 하신다는 진리에 기독교가 있다.

불교가 인간의 근본문제는 죄라고 파악한 점에서는 옳았다. 그런데 죄를 육체적, 언어적, 심리적으로 착하지 못한 갖가지 활동 즉, 온갖 악행이라고 규정하고, 죄의 원인은 무명(無明)이며, '무명'은 자신이 어떤 존재인지를 바르게 알지 못하는 것이라고 규정한다(38). '죄'를 이렇게 본다는 것은 불교는 윤리적인 차원만 갖는, 따라서 현세적 종교라는 뜻이다.

불교가 죄와 죄의 원인을 이처럼 피상적으로, 단지 윤리적 차원에서만, 정의하는 것은 큰 잘못이다. 종교는 윤리적 차원을 포함하지만 그 본령은 그 너머의 차원이다. 행동뿐만 아니라 그 행동의 동기와 본성의 문제를 다뤄야 한다. 불교는 애초부터 영혼 및 자아의 실체성을 인정하지 않기 때문에 영혼과 그 속에 숨은 동기들을 다루지 못할 것이다. 하지만 어떤 행위의 윤리적, 심리적 차원을 뛰어넘어 인간존재의 근본과 토대까지 뻗어있는 그 뿌리를 확인하지 않고서는 인간의 문제를 근본적으로 다루지 못하고, 근원적 해법을 찾지 못한다.

인격의 본질은 '영혼'이며 그 토대는 의식(意識)이다. 물론, 그 밑에는 무의식(無意識)이라는 밑바닥이 있다. 하지만 인간의 행위는 욕구와 연결되어 있고 욕구는 의식에 뿌리를 박고 있다. 이것은 인간이 어떤 판단을 하고 어떤 행동을 하든 전적으로 그 개인의 내면에서 일어나는 일이며 따라서 그 개인이 모든 책임을 져야 한다는 뜻이다.

그런데 만약 인간에게 영혼이 실재하지 않고 자아가 없다고 가정한다는 것은 어떤 의미가 있을까? 이런 경우라면 사람은 외부의 자극을 받아들이는 감각기관들(情), 감각기관에 접수된 자극들을 전달받아 판단하는 지적활동(知), 판단된 정보를 제공받아 의사결정을 내리는 기능(意)이 내면을 구성한다. 이 경우 '의지'가 인간의 내면활동의 최상위에 있더라도 잘못된, 죄악된 결정을 내렸을 때 그 책임의 대부분은 그 인간 자체가 아니라 인간 밖에 두게 된다. 결과적으로, 죄인이 실종된다.

예를 들자. 누가 커다란 금덩어리를 택시 뒷자리 바닥에 놓고 내렸다. 나중에 택시운전사가 이 금덩어리를 발견했다. 그 엄청난 가치와 아무도 모른다는 사실에 주인에게 돌려주지 않기로 마음먹고 금덩어리를 숨겼다. 이 명백한 도둑질의 책임은 어디에 있는가? 당연히, 택시운전사가 도둑질을 했으며, 처벌을 받아야 할 죄인이다. 그런데 이것은 윤리의 차원이다. 경찰에 붙잡혔을 때, 법률적 처벌을 받는다.

그렇다면 심리적, 종교적 차원은 어떻게 될까? 택시운전사에게 영혼 즉, 내면의 자아가 없고 내면은 단지 지정의(知情意) 반응들로만 구성된다면, 눈은 택시 뒷좌석 구석에 놓인 누런 쇳덩어리 비슷한 것을 보았을 뿐이고 그 장면을 '생각과 앎'의 기능담당자에게 통지해줌으로써 자기 역할을 다했다. 눈은 결코 무엇을 훔쳐라, 가져도 된다고 말하지 않았다. 그러니 도둑질에 대해 눈은 책임이 없다. '머리'는 눈이 목격한 그것이 황금이라는 것을 확인했고 얼마나 대단한 가치가 있는지, 딱 거기까지만 생각했을 뿐이다. 그것을 어떻게 해야할지에 대해서는 '생각 기능'(지성)은 어떤 결정도 내리지 않았다. 그것이 무엇인지를 판단하는 역할만 했으니 이 도둑질에 대해 책임이 없다.

'생각과 앎의 기능'이 내린 판단정보를 넘겨받은 '의사결정 기능'(의지)은 그 금덩어리를 다른 사람이 모르는 곳에 치워놓고 아무에게도 알리지 않기로 결정했다. 그리고 '생각'에게 은밀한 장소와 숨기는 방법을 생각해내라고 명령하고, '손'에게는 금덩어리를 허름하게 포장하라고 명령하고 두 다리에게는 은밀한 곳으로 가라고 명령했다. 그러면 탐욕은? 양심은? 절제는? 인간의 내면 기능들은 모두 '수동적'인 역할만 할 뿐이다. 도둑질에 대해, 그리고 도둑질을 하지 말아야할 적극적인 책임소재가 없어진다. 도둑질로 체포된 택시운전사는 이웃으로부터 윤리적으로 비난받고 사법부로부터 법률적 처벌을 받을 것이다. 하지만 택시운전사는 억울하다고 투덜댈 것이다. 눈은 금덩어리를 보았을 뿐이고, 생각은 가치를 판단하고 부자가 될 기회라고 판단했을 뿐이고, 의지는 은밀한 곳에 가져다 놓으면 좋겠다고 결정했을 뿐이고, 팔과 다리는 의지가 결정한 대로 그저 시키는 대로 했을 뿐이다. 그렇다, 도둑질의 행위는 있는데 처벌을 받아 마땅한 진짜 도둑은 없는 셈이다. 불교는 악행을 미워한다지만 실상은 악행을 이런 식으로 생각해서 죄인을 실종시킨다. 따라서 죄 역시 실종된다. 그러니 불교는 '업'이라는 개념에 매달린다.

일단 영혼 혹은 자아를 인정하고, 영혼의 내면활동 혹은 자아의식의 활동이 외부의 간섭과 강제를 받지 않는다면, 인간의 모든 행위는 그 행위당사자에게 책임을 묻는다. 변명의 여지가 없게 된다. 탐욕과 무지 그리고 온갖 욕구도 외부에서 강제된 것이 아니기에 명백하게 '자아'의 책임이다. '자아'에서 솟아나온 것이기 때문이다. '영혼'의 존재를 인정한다면 그 영혼이 처벌대상이 된다. 그러므로 행위에 대한 육적 처벌 이외에도 영혼에 대한 처벌, 신의 처벌이 당연하게 요청된다.

행위의 뿌리가 욕구 혹은 욕망에 있다는 것은, 마치 땅 속 깊은 곳에서 수맥을 타고 흐르는 지하수가 암반의 갈라진 틈을 타고 올라와 지표면에서 샘물로 흘러내리는 것과 같다. 샘에서 흘러나오는 물이 건강에 좋은 미네랄을 풍부하게 함유하고 있는 신선한 광천수라면 그것은 이 샘물의 근원과 수맥이 좋다는 뜻이다. 그러나 만일 샘물을 먹는 사람들마다 탈이 나거나 목숨을 잃는다면, 그런데 이 샘을 고쳐야 한다면 어떻게 해야 할 것인지는 자명하다. 근원에 손을 대야 한다.

사람이 온갖 악행을 저지르는 것은 유독한 물질을 치명적인 수준으로 함유하고 있는 샘과 같다. 진짜 샘물의 문제라면 폐정(廢井)하거나 안 쓰면 그만이지만 사람의 문제라면 전혀 그럴 수 없다. 더군다나 바로 자신의 본성이 문제라면 결코 외면해서는 안 된다. 하지만 인간의 곤경은 자신의 본성을 고칠 능력이 자신에게 없다는 것이다. 어떤 누구도 자신의 인종, 출신 국가, 피부색을 자기 마음대로 바꾸지 못한다. 스스로의 능력을 발휘해서 남자가 여자로 바뀌거나 여자를 남자로 바꾸지 못한다. 키를 늘였다 줄였다 하지 못한다. 마음대로 날고 싶다고 자기 몸에서 날개가 돋게 하지도 못한다. 자아 그 자체, 내면 깊숙이 본성을 바꾸는 것은 더더욱 불가능하다. 불교는 영혼 및 자아를 부정하여 이 불가능성을 회피한다.

모든 사람 즉, 영혼은 불자가 말한 무명(無明) 즉, 어둠의 상태로 태어난다. 그래서 본성상, 본질상 무지(無知)하다. 그렇다. 태아와 아기는 자신의 생명을 어떻게 돌볼지 전혀 모른다. 돌봄의 손길 없이는 생명을 유지할 수 없다. 그리고 생존과 생활에 필요한 거의 모든 것을 일일이 배우지 않으면 안 된다. 스스로 생명을 유지하고 스스로 배움을 찾기 위해서는, 동물과는 비할 수 없이 오랜 시간 양육과 훈육을 받아야 한다. 인간은 배우지 않으면 아무것도 모르고, 정진하고 또 정진해도 제대로 깨우치기가 정말 어렵다. 영혼의 모든 부분을 채우고 있는 어둠 즉, 무명 때문이다.

그런데 무명 즉, 어둠의 원인은 무엇인가? 왜 인간은 어리석음을 운명처럼 달고 태어나고 조금이라도 방심하면 다시 어리석어지는가? 불교는 답하지 못한다. 하지만 기독교는 답한다. 그리고 해결책도 내놓는다.

모든 사람이 어둠과 무지를 안고 태어난다. 더러운 욕구와 어둠 그리고 무지가 마치 샘에서 독수(毒水)가 흘러 나오는 것처럼 우리의 본성에서 끊임없이 솟아나온다. 이것은 첫 인류가 하나님 앞에서 지은 죄악 때문이다. 그 죄과가 모든 인류에게 퍼지는 것이다. 이것을 원죄라고 하는데, 어떤 논리로 원죄를 부인한들, 그 논리가 아무리 공교롭더라도, 그 논리를 아무도 반박하지 않더라도 소용이 없다. 원죄는 명명백백하게 실재하는 것이기 때문이다. 불교가 분명하게 인정하는 것처럼 모든 인간은 무명(無明) 상태로 태어나며, 무명을 깨뜨리기 전에는 결단코 변함없이 무명상태에 머물러 있기 때문이다. 그러나 불교는 인간은 무명상태로 태어나고 무명 때문에 죄를 짓는다는 것까지는 알면서도 그 원인은 '원죄'에 있다는 것을 깨닫지 못했다.

원죄란 샘물의 근원 혹은 맑은 물이 가득 고인 저수지의 최상류에 지독한 오염물질을 풀어 넣은 것과 같다. 저수지의 물 전체 그리고 저수지 안에 살고 있던 온갖 수중동물과 수생식물이 모조리 오염됐다. 심지어 이 저수지에서 흘려보낸 물이 합류한 모든 개천과, 이 오염된 물을 받아서 지은 모든 농작물까지 다 오염됐다.

'죄'란 원천(源泉)에 독극물을 집어넣는 악행 그 자체라고만 생각해서는 안 된다. 독극물이 물 전체에 퍼지는 것, 수중동물과 수생식물 전체에 독극물이 퍼지는 것, 심지어 이 오염수를 끌어들여 농사를 지어서 얻는 모든 곡식들까지 독소가 나타나는 것, 즉 오염과 오염으로 인한 모든 결과까지를 포괄하는 개념이 '죄'이다. 원천에 독극물을 집어넣은 악행자를 찾아냈고 처벌했다고 해서 이 모든 오염과 모든 부작용이 해결되지 않는 것은 자연의 이치이다.

히로시마 상공에서 폭발한 원자폭탄의 방사능에 피폭된 사람의 자녀가 기형인 것과 이로 인해 후손들이 극심한 고통을 겪는 것, 베트남전쟁에 참전했다가 고엽제(Defoliant, 에이전트 오렌지)라는 제초제를 뒤집어 쓴 뒤, 10~25년 뒤에 각종 암과 신경계 손상이 나타나고 기형에 시달리다가 그 폐해가 2세에게까지 나타나는 현실 앞에서, 어떻게 '원죄'의 실재성을 부인할 수 있을까? 전염병과 유전병이 실재하고 가난과 궁핍이 대물림하고, 전쟁으로 폐허가 되고 사막화 된 땅에서 태어나는 어린 영혼들을 보더라도 우리는 원죄라는 개념이 싫더라도 원죄의 실재를 인정하지 않을 수 없다.

하나님은 무자비하고 가혹한 형벌집행자인가?
10 형벌론에 대해

불교는 기독교의 하나님은 무자비한 사형집행자라**고 비판한다.**

기독교는 기독교는 하나님은 죄인에게도 완전한 선(善)과 자비를 베푸신다**고 답한다.**

하나님은 무한히 자비롭고 무한히 정의롭다. 자비와 정의를 조화시킬 지혜 또한 무한하시다. 우리는 신적 존재를 약간이나마 상상할 수는 있어도 이처럼 **무한성**을 자신의 기본적 속성으로 갖춘 하나님의 실상을 파악하지 못한다. 파악하지 못하기 때문에 거부하거나 속단해서는 안 된다.

불교는 인간은 각자 자신의 행동에 책임을 져야 공평하다고 보고, 각자의 행동으로 말미암는 죄과는 오직 그 당사자에게만 돌려야 하고 그 개인에게서 끝나야 옳다고 전제한다(39). 그리고 이 전제에 입각해서, 조상의 죄악에 대해 그 후손들을 처벌한다는 기독교의 형벌관은 부당하다는 식으로 항변한다.

    기독교가 이 주장에 동의하지 않는 까닭은 마치 여호와 하나님이 무죄한 사람을 무고히 괴롭히는 악한 독재자처럼 여기는 것은 전혀 사실이 아니기 때문이다. 모든 사람은 자신의 악한 본성 그 자체 때문이 아니라 자신이 저지른 죄악 때문에 벌을 받는다. 죽는 것도 자기 죄 때문이다(레위기 26:43, 예레미야 3:39). 하나님에게는 불의가 조금도 없다(로마서 9:14). 하나님의 심판은 공의롭고 공평하며 완전하다(신명기 32:4, 욥기 8:3, 데살로니가후서 1:5). 하나님의 손에 억울한 죽음을 당한 사람은 하나도 없다.

    그러나 인간의 행동은 행동 그 자체만 존재하는 경우가 거의 없다. 행동에는 영적 차원, 도덕적 차원, 법률적 차원이 있다. 동기가 있고 결과가 있고 영향력이 있으며, 전파력을 갖고 사회적으로 영향력을 주고받는 경우도 많다. 행동은 행위당사자의 내면에서 일어나 그 행위자의 행동으로 나타나는 것이기는 하지만 그렇다고 해서 그 행동이 반드시 그 행위주체에게만 국한되지 않는 경우도 아주 많다. 그 행동의 기회와 여건을 마련해준 다른 사람들 및 그 행동들이 있을 수 있고, 유혹자와 유혹의 행동들도 있을 수 있다. 방조자와 방조행위들도 있을 수 있다.

악행의 경우에는, 그 악행과 전혀 상관이 없지만 그 악행이 발생하지 않도록 했어야할 도덕적, 정치적, 법률적 책임들도 있을 수 있고, 그 악행자를 윤리적으로 반성하고 조치를 취할 각종 책임이 있을 수 있고, 그 악행자를 정당하게 처벌하여, 공평과 정의를 회복해야할 책임도 직간접으로 관련되어 있을 수 있다. 이처럼 하나의 행위에 결부된 영향력이 많고 다양하고 책임도 마찬가지다.

하나님은 공평과 정의의 최고 근원이며 기준이다. 영원한 창조주이기 때문에 평결과 법집행에 있어서 최고의 절대주권자이시다. 무한하고 완전한 지식과 통찰 그리고 지혜를 갖춘 심판자이시다.

악독한 범죄에 발생했을 때 검사가 범죄자들을 남김없이 체포하고 죄상을 낱낱이 밝히는 것은 결코 가혹한 처사가 아니다. 객관적 증거로 입증된 혐의에 대해 관련법규를 정확하고 공평하게 적용하여 범죄자들에게 사형을 언도한 재판관을 무자비하다고 비난하는 것은 옳지 않다. 재판정에서 눈물을 흘리며 선처를 구하는 죄인들에게 추호도 용납하지 않고 사형을 언도하는 판사를 피도 눈물도 없는 냉혈한으로 간주하는 것은 성급하다. 판사는 그 죄인이 교활하게도 거짓 눈물을 흘리며 뉘우친 척하고 있다는 것을 간파했거나 그 범죄의 극악무도함이 너무나 지나쳤기에 선처의 여지가 없다고 판단했을 수도 있기 때문이다.

그러나 불교는 기독교의 신 여호와가 최초의 인류인 아담에게 내린 형벌은 지나치게 가혹하다고 비판하면서 세 가지를 언급한다(39-40).

(첫째,) 신이 인간과의 관계를 단절하고 영혼을 죽인 것.

(둘째,) 육체적 죽음 즉, 영혼과 육을 분리시키고 육을 다시 흙으로 보낸 것.

(셋째,) 지옥의 형벌 즉, 인간이 단 한번 죄를 지은 것에 대해 그 당사자가 생존할 동안에 벌을 주는 것에서 그치지 않고 죽음 이후에 영원토록 지옥 불구덩이에 던져 넣어 영원토록 끔찍한 고통을 당하게 만드는 것.

이러한 문제제기에 대해 기독교는 간략하게 답변한다.

첫째, 하나님은 죄인과의 관계를 단절하지 않았고 영혼을 죽이지도 않으셨다.

둘째, 하나님은 사형집행자가 아니시다.

셋째, 하나님은 지나치게 가혹하고 무자비한 분이 아니시다.

'관계 단절'이라는 말이 언급되었으니 이 말부터 검토해보자. 예를 들어보겠다. 왕이 신하에게 명령을 내렸다. 그러나 그 신하는 자신도 왕권을 갖고 싶은 욕심에 그 명령을 어기는 행위를 했다. 신하는 왕의 명령을 불이행하는 태만죄를 범한 것이 아니라 명백히 그 왕좌와 왕권을 탐냈던 것이다. 신하가 왕명을 어겼을 때, 그 어김 속에는 반역의 취지가 포함되었다. 그리고 왕이 알아챘다. 그래서 왕은 그 신하를 반역자로 처단했고, 그 신하의 가문을 반역자 집안으로 낙인찍고 그 권속들의 신분을 천민으로 만들었다.

여기에서, 왕이 그 신하와의 관계를 단절했다는 논리가 맞는가? 아니다, 틀렸다. 왕과 신하의 관계를 파괴하고 단절한 것은 신하 쪽이다. 역심을 품고 왕좌를 탐낸 것에서 이미 죄를 범했고, 분수에 넘치는 탐욕을 이루기 위해 그 역심을 실행에 옮긴 것이 바로 관계단절이다. 반역행위자를, 반역행위에 대한 법률이 분명히 존재하고 있음에도 불구하고 묵과하고 넘어가는 것은 왕의 불의(不義)이며 불공평이다. 법이 있고 법을 어긴 행위가 있다면 그 법에 따라 합당하게 처벌하는 것이 정의이다. 왕이 그 정의를 실현했다고 해서 신하와의 관계를 단절했다고 비난하는 것은 언어도단이다. 여전히, 왕은 왕이고 신하는 신하다.

결론적으로, 하나님과 인류의 관계는 하나님이 아니라 인간이 파괴하고 단절했다. 인간이 자신의 계획을 실행하기 훨씬 전에, 인간의 마음속 깊은 곳에서, 자아의 근본바탕에서, 본성에서 하나님께 대해 단호히 등을 돌리고 관계를 끊어버렸던 것이다. 그러나 인연관계가 완전히 절단된 것이 아니다. 실제로는, 처벌을 받아야 하는 관계가 된 것이다. 이것이 사실이며 진실이다. 다시 말하자면, 관계단절의 책임은 전적으로 인간에게 있다.

이제 육적 죽음에 대해 검토해보자. 먼저, 사실 관계를 바로잡자. 하나님은 영혼을 죽이지 않으셨다. 성경은 영혼이 죽는다거나 소멸된다고 가르치지 않는다. 죽음은 영혼과 육신의 결합이 해제되는 것이다. 영과 육의 분리가 곧 죽음인데, 죽음의 결과로 육신의 생명활동 및 생명징후(vital sign)들이 중단된다. 호흡이 멈추고 심장이 멈추고 따라서 혈액순환도 멈추고 뇌가 활동을 멈춘다. 이 멈춤상태가 지속될수록 회생이 불가능해지고 회생하더라도 정상적인 생활을 할 수 없게 된다. 그래서 '바이탈 사인'이 멈춘 뒤 대략 5분~10분이 경과된 뒤에 사망을 선언한다. 호흡과 혈액순환이 멈출 때부터 육체는 부패하기 시작한다. 이것이 인간이 알고 있는 죽음이다.

그런데 불교가 문제 삼는 것은 아마도 죽음의 종교적 차원일 수 있다. 다시 말하자면, 하나님이 인간의 영혼과 육을 분리시키는 행위를 하기 때문에 죽음을 겪으니, 인간의 죽음은 하나님의 잘못이며, 죽음이라는 불행은 하나님 때문이라는 주장이다.

기독교는 불교의 이 논리는 무지에서 비롯된 억지라고 답한다. 하나님은 첫 인간에게 "선악을 알게 하는 나무의 실과는 먹지 말라 네가 먹는 날에는 정녕 죽으리라"라고 경고하셨다(창세기 2:17). 하나님은 결코 '네가 그 열매를 먹는 날에는, 내가 네 영혼과 육신을 잇는 끈을 기필코 끊어놓고야 말겠다'는 식으로 위협하고 그대로 실천하신 것이 정녕 아니다.

인간의 육적 죽음 즉, 영혼과 육신의 분리는 어디에서 시작되었는가? 바로 그 나무 열매를 먹는 행위에서 시작되었다. 누가 시작시켰는가? 인간 자신이다. 당뇨병 환자를 예로 들어보자. 당뇨 수치가 위험수위를 훨씬 넘어서고 심각하게 체중이 빠져 몹시 여위자 의사는 처방약을 제대로 복용하고 식단을 조절하고 유산소 운동을 꾸준히 하라고 지시했다. 하지만 환자는 흰 쌀밥, 국수, 피자 따위를 배불리 먹고 초콜릿을 좋아해서 닥치는 대로 먹었다. 반면에 약과 운동은 소홀히 했다. 이 당뇨환자는 손가락과 발가락부터 썩기 시작했고 실명했고 장기(臟器)들이 고장났고 몹시 야위고 영양실조로 죽었다.

그러면 누가 이 당뇨환자를 죽였는가? 바로 환자 자신이다. 혈당수치를 높여 피를 걸쭉하게 만들어, 신체 각 부위에 산소와 영양소 등이 신체 각 부위에 전달되지 못하게 만든 사람은 환자 자신이다. 환자는 식탐에 즉, 단 것을 먹고자 하는 자신의 욕구에 스스로 무너진 것이다. 죽기 직전에, 먹지 못하도록 좀 더 적극적으로 막아주지 않은 사람들 때문에 자신이 죽는다고 말해봤자 헛일이고, 진실이 아니다.

　이제, 불자의 세 번째 주장에 대해 검토해보자. 불자는 죄인이 생존하는 동안에만 벌을 주지 어째서 죽은 뒤에도 영원토록 고통을 가하는 것은 지나치다고 주장한다. 이에 대해서는 먼저, 다음과 같이 고찰해야 한다. 첫 사람이 지은 단 한 번의 죄는 영원토록 지극한 고통을 당해도 씻을 수 없을 정도로 심각한 죄였다. 몹시 가난한 임신부가 생계비를 벌기 위해 무리하게 일을 하다가 사산(死産)했다. 어쨌든, 한 생명을 꺼뜨렸다. 극심한 흉년을 견뎌낼 재간이 없다고 느낀 어떤 가장은 가장 어린 자식을 강물에 던져 죽였다. 어떤 청년이 길을 가다가 마주친 임산부의 배를 갑자기 걷어차서 사산시켰다.

　또 어떤 청년이 어떤 사람을 권총으로 죽였다. 죽은 사람은 오스트리아-헝가리 제국의 황태자 프란츠 페르디난트(Franz Ferdinand, 1863-1914.6.28.)였다. 이 한 사람의 암살 때문에 제1차 세계대전이 벌어졌고, 3천 2백만 명이 넘는 사상자가 발생했다. 죽은 사람의 목숨 값을 빈부귀천에 따라 달리 매겨서는 안 되다고 하더라도 한 사람을 죽인 행위에 대한 죄과는 엄청나게 달라질 수 있다는 결론을 피할 수 없다.

　결론적으로, 영원토록 끔찍한 형벌을 당해도 씻을 수 없는 죄과가 있다. 그것이 너무나 끔찍하기 때문에, 생각만해도 고통스럽기 때문에, 모른 척하기로 하는 것은 현명한 처사가 아니다. 그 죄과로 인한 참상이 우리의 삶과 세상사에서 벌어지고 있다. 이것이 진실이며, 현실이다. 문제는 해법이다. 불교에는 해법이 있는가? 기독교에는 있다.

악마와 죄는 상관관계가 있을까?

11 악마의 존재에 대해

불교는 악마가 존재한다는 것은
신이 전지전능하지 못하다는 증거라고 **주장한다.**

기독교는 불자가 죄의 본질을 이해하지 못한다고 **답한다.**

악마는 죄를 짓도록 유혹한다는 점에서 죄의 원인이다. 그러나 그 유혹에 굴복하고, 죄를 짓기로 마음먹고, 죄를 실행한다는 점에서 죄는 사람에게서 나온다. 죄를 짓도록 유혹한 것도 죄이고, 유혹에 넘어가 죄를 짓기로 마음먹고 그 마음을 실행에 옮긴 것도 죄이다. 유혹의 행위주체와 악행의 행위주체는 각각 자신의 죄에 대해 책임을 져야 한다.

불자는 기독교를 적극적으로 거부한 영국의 철학자인 버틀란트 러셀 경(卿)의 말을 인용하여 기독교의 악마론을 도저히 이해할 수 없는 것이라고 거부한다.

> 모든 악의 기원이 악마라면 악마는 누가 창조했는가? 기독교 교리에 의하면 악마의 기원이 천사라고 했는데 어떻게 하나님에 의해 순수하게 창조된 천사에게 신을 배신하는 악이 생겨날 수 있단 말인가?(45)

그리고 불자는 악마의 정체에 대해 불교의 입장을 다음과 같이 말한다.

> 오온이 악마이며……이는 악마라는 존재가 결코 인간의 몸과 마음을 떠난 것이 아니며 인간이 오온을 지니고 감각적 쾌락에 붙잡혀 있는 한 그대로 악마라는 뜻이다.……그런 의미에서 불교의 악마는 기독교의 악마와 같이 신의 심판에 의해서가 아닌 자신의 노력을 통해 제거될 수 있는 존재이다(47-48).

불자는 기독교에서 말하는 사탄 즉, 악마를 다음과 같이 요약한다.

첫째, 사탄은 죄의 원조로서 세상의 모든 문제가 사탄으로부터 흘러나왔다.

둘째, 많은 기독교인들은 기독교를 제외한 모든 종교를 사탄이 능력을 부려 만들었다고 믿는다.

셋째, 불교도 여기에서 예외가 아니라고 믿는다.

이 세 의문에 대해 해명하기 전에 먼저, 기독교의 입장을 간략하게 정리하겠다.

첫째, 죄는 인간의 타락이며, 인간의 부패와 무능력이다. 죄는 하나님을 중심에 두지 않는 것이며, 하나님께 일치시키지 않는 것이며, 하나님의 목적을 이루지 않는 것이다. 죄의 결과로 나타나는 것이 부패와 무능력이다. 부패는 죄인은 참된 의미의 선, 하나님이 합당하게 여길만한 선을 행하지 못한다. 여기에서 인생의 모든 불행과 참상이 야기된다.

하나님의 창조는 오로지 완전하며 선하다. 따라서 창조의 결과 및 상태는 완전하며 선한 것뿐이다. 아름다운 장미꽃을 예로 들어보자. 뿌리로부터 좋은 영양분을 끌어올려 아름다운 꽃을 피운 것은, 장미를 향한 하나님의 창조목적에 부응하는 '선'이다. 사람들은 생명력이 넘치는 장미꽃의 줄기를 꺾어서 화병에 꽂아놓고 감상한다. 여전히 싱싱하고 아름답지만 며칠이 지나면 시들기 시작하고 곧 부패한다. 생명력과 개화(開花)가 '선'이라면 이 '시듦'과 '부패'는 악이며, 선한 상태를 잃어버리는 것이 '죄'이다.

다른 예를 들어보자. 김장철이 되면 싱싱한 배추가 시장에 풀린다. 그런데 시간이 지나면 배추가 상하고 썩는다. 주부들이 배추를 사갈 때 배추의 겉잎을 떼어 버리고 싱싱한 부분만 가져가기도 한다. 상한 배춧잎들은 길바닥에 밟히기도 하면서 썩은 물이 시장바닥에 홍건하기도 한다. 부패한 것은 변질된 것이다. 악은 선이 부패한 것이다. 다시 말하자면, 하나님은 선한 것들만을 창조하셨다. 피조세계는 천사들의 영적 세계와 인간을 정점으로 하는 지상세계로 나뉜다. 천사들 가운데 하나님을 거역하고자 마음먹은 무리가 나왔다. 이들이 악한 마음을 품은 것은 하나님이 억지로 그렇게 만든 것도 하나님의 창조가 불완전해서도 아니었다. 완전한 피조물이기에, 자의적으로 그렇게 마음먹고 행동할 수 있었다. 이런 식으로, 선한 천사들이 타락하여 악한 천사들이 되었다. 이 악한 천사들의 우두머리가 사탄 즉, 악마이다. 사탄을 따르는 무리가 마귀들 즉, 귀신들이다.

마찬가지로 인류의 첫 조상도 전적으로 자신의 뜻을 따라, 스스로 선택하여 죄를 짓고 부패를 겪게 되었다. 주목할 것은, 사탄은 결코 억지로 금단의 열매를 먹이지 않았다. 인간 스스로 선택하도록 부추겼을 뿐이다. 부패한 원인은 각자의 마음속에 있으며, 악한 꾀를 낸 것에 있다.

둘째, 기독교를 제외한 모든 종교를 사탄이 만들었다는 것은 성경이 제시한 원리를 잘못 이해한 것이다. 인간이 죄를 지었을 때 파괴된 내면의 신적 형상의 파편들을 인간들이 나름대로 발전시킨 것이다. 윤리적으로 다소 유익하지만, 하나님을 알고 구원을 획득하는 데에는 턱없이 부족하다.

인간은 본래 하나님의 형상으로 창조되었는데 이 하나님의 형상을 '의(義)와 거룩과 지식'이라고 보는 것이 가장 옳다(골로새서 3:10, 에베소서 4:24). 이 의와 거룩과 지식은 내적 인간성의 근본을 이루며 따라서 종교성의 근간이기도 하다. 인간이 죄를 지었을 때 이 세 가지는 전적으로 소멸 혹은, 완전히 삭제되지 않고 파편화되어 잔재한다. 첫 인류의 후손들이 이 파편들을 씨앗으로 삼아 종교를 발전시킬 때 각종 종교들이 나온다. 종교를 발전시키는 방법에 따라 종교가 서로 달라진다. 파편들이기 때문에, 불완전함은 불가피하다.

셋째, 불교는 고타마 싯다르타가 고대 인도종교를 변혁시킨 데에서 출발했으나 여러 종교들을 습합하여 이뤘기 때문에 잡다하고 혼란스럽게 되었다. 사탄은 무엇인가를 창조할 능력이 없다. 사탄은 종교를 만들지 못한다. 유혹할 뿐이다. 고대 인도종교는 사람이 자신의 내면에 있는 종교의 씨앗을 발전시켜 만든 것인데, 고타마 싯다르타는 이를 개혁하고자 했다. 그래서 원시불교가 창달되었고, 원시불교는 상좌부불교(테라바다)와 대중부불교(마하상기카)로 나뉘어진다. 용수(龍樹, 나가르주나)가 등장하여 대승불교(마하야나)를 체계화하여 중앙아시아를 거쳐 중국에 대승불교가 전달된다. 이

과정에서 온갖 습합이 일어난다. 이 모든 과정은 당대의 사람들이 선택하고 체계화하고 발전시킨 것이다.

  이처럼 불교는 사람이 씨를 뿌리고 키워낸 종교이다. 따라서 인간의 사유에 갇혀있다. 반면에 기독교는 하나님이 시작하고 계시하고 이끌어주심으로 형성된 종교다. 기독교는 인간의 한계를 극복하고 참된 선을 회복한 삶이 가능한 종교다.

형 집행이 미뤄질 때 악마는 어떤 기회를 갖는가?
12 악마에 대한 신의 심판에 대해

불교는 기독교의 신은 악마에 대한 심판을
집행하지 않았다고 **비판한다.**

기독교는 하나님의 무궁한 지혜와 자비를 인정하라고 **답한다.**

형의 집행이 미뤄질 때 악마가 갖는 기회는 결국, 하나님의 지혜와 권능을 높이고 하나님께 감사와 영광을 돌릴 기회일 뿐이다.

앞 장에서는 불교식의 악마관이 기독교의 악마관과 얼마나 다른지를 논했다. 여기에서는 불교식의 몰이해가 빚어내는 잘못된 결론에 대해 논하겠다. 불교는 다음과 같이 성급한 오판을 하기 십상이기 때문이다.

(첫째,) 신은 교만에 빠져 죄를 범한 악마에 대해 심판을 내렸음에도 불구하고 아직까지 형을 집행하지 않았다.

(둘째,) 사탄이 신을 배반하고 신이 창조한 인간세계를 지금까지 파멸시키고 있는데도 신은 여전히 막지 않는다.

(셋째,) 하나님의 순수한 창조물인 천사가 신을 배반하는 악이 어떻게 생겨날 수 있단 말인가?

항목은 셋이지만 사실상 의문점은 둘이다. 하나는, 사탄이 인간세계를 이토록 파괴하는데 왜 하나님은 형을 집행하여 이 파괴 행위를 중단시키지 않느냐는 것이다. 다른 하나는, 하나님의 순수한 창조물이 어떻게 악에 물들 수 있느냐는 것이다. 불교는 이런 의문이 마치 기독교 종교체계가 불완전하기 때문에 발생한 것처럼 느끼겠지만 실은, 불교의 악마관을 기독교의 악마(사탄)에게 뒤집어씌웠기 때문에 생긴, 잘못된 의문이다.

자, 그렇다면, 불교의 악마관을 살펴볼 필요가 있다. 불교에서 말하는 악마 즉, 파순(파피야스)은 다음과 같다(46-47).

(1) 악마 파순은 스스로를 우주의 창조자라고 착각하면서 세상을 자신의 지배권에 넣으려고, 세상의 바른 법을 파괴하고 중생들을 욕망의 세계로 이끌어 감각적 쾌락에 빠지도록 하는 데만 신경 쓴다.
(2) 인간들을 오욕락에 빠뜨려 타락의 길을 걷게만 할 뿐 인간을 직접적으로 괴롭히거나 죄를 짓도록 유도하지는 않는다.
(3) 불교에서 말하는 악마는, 인간 밖에 존재하는 외적 대상이 아니다. 인간 내면에 존재하는 갖가지 욕망과 번뇌를 인격화시킨 것이다.

마지막으로, 불자는 악마 즉, 파순을 "욕망이며 게으름이며 허영이며 존재에 대한 집착"이며 "오온이 악마"라고 규정한 고타마 붓다의 개념을 소개한다(47). 불교에서 악마 파순을 설명한 데 대해, 악마 파순은 실존하는 별개의 인격체냐는 질문을 가장 먼저 제기해보자.

고타마 붓다는 "오온이 악마"라고 규정한다(47). 이것은 불교의 악마 파순은 인간처럼 실존하는 악한 인격체가 아니라는 뜻이다. 이 개념은 불자가 제시한 세 번째 설명의 "인간 내면에 존재하는 갖가지 욕망과 번뇌를 인격화시킨 것"이라는 말에 부합한다. 그러면 불자의 설명 (2)는 무의미하다. 자기 내면의 욕망이나 번뇌에 스스로 빠지는 것이기 때문이다.

그렇다면 설명 (1)의 "악마 파순은 스스로를 우주의 창조자라고 착각하면서 세상을 자기의 지배권에 넣으려고, 세상의 바른 법을 파괴하고……"라는 말은 설명 (3) 및 붓다의 개념에 상충한다.

설명 (1)은 악마 파순('파피야스')을 실재하는 인격체로 단정하기 때문이다. 불교의 초기 경전에서 이처럼 파순을 그 기원에 대해서는 침묵하면서도 마치 실존하는 인격체인 것처럼 설명하는데, 이런 설명은 고타마 붓다가 "오온이 악마"라고 한 입장과는 충돌한다.

불교의 악마 파순은 기독교의 사탄과는 아주 다르다. 사탄은 자신을 우주의 창조자라고 착각하지 않는다. 창조주 하나님께 반역을 일으킨 악한 천사들의 우두머리였다. 세상은 천사들의 활동 무대가 아니다. 그래서 세상에 있는 어떤 것도 파괴하지 못한다. 사탄에게는 그럴 능력이 없다. 만일 사탄이 세상에서 뭔가를 실제로 할 수 있다면 하나님이 허용하실 때뿐이다.

이제 첫째 질문, 하나님은 왜 악마에 대한 심판을 즉각적으로 집행하지 않는가에 대해 고찰해보자. 하나님은 온갖 것을 창조하실 때, 사탄의 반역을 허용하실 때, 그 온갖 것의 쓰임새와 적당한 때를 아셨다(잠언 16:4). 사탄이 무슨 궁리를 한들, 세상을 종횡무진 휘젓고 다닌다고 한들, 하나님이 작정하신 쓰임새를 벗어나지 못한다. 사탄과 마귀들은 저 큰 영적 전쟁에서 이미 그리스도께 결정적으로 패배했고, 사실상 이미 파멸했다. 당연하게도 권세가 전혀 없다. 그럼에도 불구하고 하나님은 마치 형의 최종적 집행을 뒤로 미루고 이 때문에 인류가 사탄에게 짓눌려 고통과 비극을 겪는 것처럼 착각하는 사람들이 있다. 최종적 집행을 뒤로 미루는 것은 인류에게 하나님의 자비와 은혜를 맛볼 기회를 더 많이 주시려는 취지다. 믿음을 가진 자들에게는 연단을 통해 더욱 성숙하고 강성해지고 하나님을 영화롭게 할 더 많은 기회를 갖게 되고, 아직 믿지 않는 이들에게는 참된 믿음과 구원을 받을 기회의 때가 더 길어진다.

하나님은 전지전능한 아버지이시고 하나님의 아들 그리스도는 우리의 완전한 구세주이시고 성령은 결코 거부할 수 없는 능력으로 충만한 은혜의 하나님이시다. 그러므로 하나님이 영원 전에 택정하신 자들을 단 한 사람도 잃어버리지 않으실 것을 우리는 확실히 안다(시편 89:26, 요한복음 18:9). 하나님이 하실 일은 하나님께 맡기고, 우리는 하나님의 자비와 은혜를 힘입어 살면 된다. 하나님의 종 모세가 이스라엘의 12지파를 축복하던 중에 한 다음과 같은 구절을 기억하자.

> 신명기 33:26-29, "하나님 같은 자 없도다 그가 너를 도우시려고 하늘을 타시고 궁창에서 위엄을 나타내시는도다……이스라엘이여 너는 행복자로다 여호와의 구원을 너 같이 얻은 백성이 누구뇨 그는 너를 돕는 방패시요 너의 영광의 칼이시로다 네 대적이 네게 복종하리니 네가 그들의 높은 곳을 밟으리로다."

그리고 예수 그리스도께서 제자들에게 하신 말씀을 기억하자.

요한복음 16:33, "이것을 너희에게 이름은 너희로 내 안에서 평안을 누리게 하려 함이라 세상에서는 너희가 환난을 당하나 담대하라 내가 세상을 이기었노라."

불교는 인간 내면의 번뇌와 고통을 설명하기 위해 설화(說話)를 끌어와 현실처럼 말하지만 해결은 여전히 당사자 몫이다. 그래서 불자는 끊임없이 불안한 구도자일 뿐이다. 기독교인들은 그리스도 안에서 참된 복락과 위로 그리고 안전을 누린다.

귀신의 정체는 무엇일까?

13 귀신론에 대해

불교는 귀신은 지상생물이 하나님의 저주를 받아 생겨난 존재라고 **설명한다**.

기독교는 하나님은 결코 그렇게 못되게 저주하지 않으신다고 **답한다**.

귀신이란 자발적으로 사탄에 동조하여 하나님께 반역을 저지른 부패한 천사들이다. 하나님이 증오와 저주를 퍼부어 추악한 존재로 변질시킨, 그래서 만들어진 존재가 아니다. 귀신은 물리적으로, 직접적으로, 사람을 압박하고 괴롭힐 권능이 없다.

불자는 마귀들을 반역적인 천사들이라고 하고 귀신들은 지상생물들이 하나님의 저주를 받아 생긴 존재들이라고 말한다. 이것은 잘못된 이해인데, 아마도 한글성경의 번역어들을, 불교식 이해로 접근해서 혼동을 일으켰거나 잘못된 설명을 참조한 것으로 보인다.

> 기독교에서의 귀신은 창조신 여호와의 저주를 받아 생긴 존재들이다.……기독교에서 주장하는 귀신은 악마와는 약간의 차이가 있다. 악마는 창조신인 여호와를 배반한 천사들이었고 귀신은 이러한 악마를 따르는 지상의 생물들이었다.……어떻게 천지가 생기지도 않았는데 지상에 생물들이 있을 수 있었는지 이해하기 어렵다.……기독교에서 악마와 귀신은 원수이며 투쟁의 대상이다(49-50).

위 인용문에 나타난 가장 큰 오류는 하나님의 저주라는 부분에 있다. 동양적 관념에서 위 위용문에 언급된 '저주'(詛呪)는 주술(呪術)과 관련된 것이다. 신통력(神通力)을 통해 타인에게 재앙이 임하도록 하고, 심지어 다른 생물체로 변하게 한다는 것이다. 업에 따라, 각종 다양한 생물체로 윤회를 한다고 상상하는 세계에서나 통하는 발상이다. 성경은 '저주'를 이런 식으로 사용한 적이 없다. 하나님이 어떤 생물에게 저주를 내려 전혀 상이한 괴악한 생명체로 만든 적이 없으시다.

신약성경에서 '마귀'는 '디아볼로스'를 번역한 것이며 편의상 '사탄'이라고 이해한다. 사탄은 본래 천사였다가 하나님께 반역을 저질렀는데 사탄을 추종하는 천사들을 흔히 '마귀(들)'이라고 부르지만 신약성경에는 '귀신(들)'이라고 번역되어 있다. 사람이 죽어서 천국이든 지옥이든 가지 못하고 구천을 떠돌 때 혹은, 생전에 자신과 관련되었던 곳을 떠나지 못할 때 귀신이 된다는 것은 무속적, 주술적 관념이다. 성경에는 이런 관념이 없다. 따라서 정통 기독교는 전혀 인정하지 않는 관념이다. 기독교는 이 세계에서는 물질이 신령(神靈)해진다거나 영적 실체로 변한다고 보지 않는다.

성경에서 저주는, 하나님의 복된 길을 등지고 죄를 짓기를 즐겨하는 이들에 대한 정의로운 심판과 죽음 그리고 파멸을 가리킨다. 마찬가지로 저주를 푸는 것도 주문, 신통력, 혹은 신의 비위를 맞추고 환심을 사는 방법을 통해서가 아니다. 그리스도를 올바로 믿고 그 가르침을 순종함으로써 이다. 철없는 자식이 아버지를 등지고 떠났다가 뉘우치고 아버지께로 돌아가 순종하는 것과 같다. 되돌아가는 길이 바로 그리스도와 그의 십자가이다.

불교는 악마와 귀신은 기독교의 원수이며 투쟁대상이라고 보는데 이는 현상적으로는 대체로 맞는 말이다. 하지만 본질적으로는, 그리스도의 지상생애와 십자가 사역에 초점을 두어야 한다. 우리가 이 싸움에 뛰어들더라도 혈과 육으로 수행하지 않고, 마귀가 아니라 마귀의 '궤계'에 대항하는 것이며, 우리 자신이 진리

위에 든든히 서기 위한 싸움이다. 이런 점에서 영적 싸움이다.

불교는 악을, 선만큼이나 실체적인 것으로 간주하는 '이원론적 세계관'에 가까운 입장을 연장해서 기독교 귀신론을 해석한 탓에 정통 기독교가 받아들이기 곤란한 결론에 도달한다. 불교의 입장에서 기독교를 다음과 같이 본다(50-51).

(1) 귀신의 목적은 신이 하는 일을 반대하고 파괴하는 것이다.
(2) 귀신은 악마와 함께 인간들이 신에게 구원받지 못하도록 방해한다.
(3) 기독교 이외의 모든 종교나 철학은 악마와 귀신들이 꾸며낸 거짓 교리로, 이를 통해서는 인간은 절대로 구원받을 수 없다.
(4) 귀신은 인간들에게 침투하여 인간의 육체와 정신을 파괴하는 일을 한다.
(5) 신자의 삶을 공격하고 영향을 줄 수 있으며, 인간은 귀신을 쫓아낼 힘이 없다.

먼저, 위 주장에 대한 기독교적 답변을 간략하게 정리하자면 다음과 같을 것이다.

첫째, 귀신은 하나님의 일을 파괴하지 못한다.

둘째, 인간은 귀신이 방해하기 때문에 구원을 받지 못하는 것이 아니다.

셋째, 하나님을 올바로 알려주지 않고 올바로 믿게 하지 않는 어떤 것을 의지해서는 구원받지 못한다. 거짓 교리는 인간이 자신의 기준에 따라 교묘히 꾸며낸 것이다.

넷째, 귀신은 신자의 삶을 공격하지 못한다. 신자는 귀신에게 대적할 수 있다.

하나님은 전능한 창조주이며 자기 백성을 찾고 보호하고 눈동자 같이 지키신다(신명기 32:10). 전능한 하나님은 "신실하신 하나님이시라 그를 사랑하고 그 계명을 지키는 자에게는 천대까지 그 언약을 이행하시며 인애를 베푸시"는 하나님이시다(신명기 7:9). 전능한 창조주가 어떻게 한낱 자신의 피조물에게 방해를 받으실 수 있으며, 하나님이 택하여 자기 자녀로 삼은 이들이 귀신들의 공격을 받아 파괴될 수 있도록 한단 말인가? 신자의 구원은 하나님의 의와 신실함의 결과물이다.

성경은 신자들에게 귀신들의 대장 마귀 즉, 사탄을 대적하라고 명령한다(에베소서 6:11). 싸워서 이기라고 요구하는 것이 결코 아니다. 마귀를 대적하면 마귀가 피할 것이기 때문이다(야고보서 4:7). 사도 요한은 나약한 신자들까지도 포함하여 "아이들아……너희가 강하고 하나님의 말씀이 너희 속에 거하시고 너희가 흉악한 자를 이기었음이라"라고 이미 끝장난 전투라는 식으로 단언한다(요한일서 2:14).

귀신은 인간에게 침투하여 인간의 육체와 정신을 직접적으로 파괴하는 일을 하지 못한다. 귀신은 미혹하고 속이고 착각에 빠뜨리는 일을 할 뿐이다. 신약성경에 묘사된 귀신의 일들은 하나님의 아들 그리스도가 활동하던 매우 특별한 시기에 매우 특별하게 허용되어 일어난 현상들이다. 이 특별한 현상을 일상적이며 보편적인 원리처럼 가르치는 것은 착오이다.

예수 그리스도의 십자가 죽음과 부활은 하나님의 약속을 실체적으로 성취하기 위함이다. 사람에게 무한한 자비와 은혜를 베풀고 사랑을 성취하기 위함이다. 인간의 죄와 불법에 대한 하나님의 정의를 충족시켜, 인간을 향한 죄와 죽음의 권세를 깨뜨려, 인간을 다시 하나님의 영광 앞에 자녀로 세우기 위함이다. 한낱 피조물에 불과한 귀신들을 때려잡고자 함이 아니다. 하나님은 사람을 이처럼, 만물보다, 수많은 천사들보다 더 사랑하셨다. 그렇다. 하나님은 자기 입으로 말씀하신 것을 자기 손으로 이루신다.

불교는 잘못된 인간이 귀신이 된다고 가르친다. 기독교에 따르면 인간은 언제나 인간이다.

참된 교리를 어떻게 붙들 수 있는가?
14 우상론에 대해

불교는 기독교가 이웃 종교를 편협한 시각으로 바라본다**고 비판한다.**

기독교는 문제는 진리라**고 답한다.**

참된 교리란 하나님의 말씀 곧 성경이 가르치는 교리이다. 사실상 이것이 우리가 붙들어야할 유일한 진리이다. 우리는 성령의 역사를 의지하여 근면한 공부와 믿음과 실천으로 참된 교리를 붙든다.

불교인들은, 기독교인들이 불교의 전체적인 가르침을 보지 않고 단지 표면에 드러난 형식만을 보고 편협하다고 판단한다고 생각한다.

> 기독교인들이 볼 때 부처님은 신이 만든 피조물에 불과하고 부활과 영생을 이루지 못한 죄인에 불과하다. 이런 부처님을 형상으로 만들고 그 앞에 예배를 올리거나 소원을 비는 행위는 여지없이 우상숭배일 수밖에 없다(56).

기독교인들의 편협한 시각에 대한 증거로 불자가 제시한 이 문장에 대해 먼저, 필자는 다음과 같이 의문을 제기하고 답해본다.

첫째, 붓다 자신이 혹은, 원시불경이 붓다가 창조주라고 주장한 적이 있고 창조주로서의 능력을 입증한 적이 있는가? 없다면, 기독교인들이 붓다를 피조물이라고 하는 것은 당연하다.

둘째, 80세에 쿠시나가라에서 입멸한 붓다는 '죽었어도 죽지 않았음을' 실제적으로 입증했는가? 붓다는 영원한 생명을 획득했다는 확신을 고백했는가? 안 했다면, 기독교인들이 붓다를 죄인으로 여기는 것은 당연하다.

셋째, 붓다의 형상을 만들고 그 앞에서 예배를 올리고 소원을 비는 것은 붓다가 생전에 허락한 일인가? 붓다가 허락하지 않았다면, 불교에서도 타파해야할 일인데 기독교인들이 우상숭배라고 비판하는 것은 당연하다.

불자 자신도 불상보다도 진리가 위대한 것이며 붓다에게 예배하는 행위보다도 자신의 고통을 소멸하기 위해 수행하는 행위가 더욱 소중하다고 말한다. 게다가 고타마 붓다가 제자가 자기를 예배하려 하자 이를 제지하고 여래를 향해 예를 표하지 말고 진리를 생각하라고 타일렀다는 일화를 소개한다. 만약 형상과 음성으로써 부처를 보려는 자는 삿된 길을 가는 사람이라는 ≪금강경≫의 글귀를 소개하기도 하고, "본질적으로 마음과 부처와 중생은 아무런 차별이 없다"라는 ≪화엄경≫ 글귀를 소개하기도 한다(56-57).

불자의 말과 고타마 붓다의 가르침은 진리가 최우선이며 마음은 진리와 직접적으로 통할 수 있다는 것에 주목하자. 고타마 붓다는 자신을 예배의 대상으로 삼기를 거절했고 형상숭배와 특이한 경험은 진리를 파악하는 데 도움이 되지 않는다고 보았다. 그래서 불교에서는 고타마 붓다가 쿠시나가라에서 입멸한 후 수백 년이 지나도록 불상을 만들지 않았다.

그렇다면 후대에 불제자를 자처하는 이들이 불상을 만들고 불상에 예배하는 행위는 붓다의 가르침을 벗어나고 초기 불제자들의 행습을 버리는 것이다. 그럼에도 지금, "불자들이 불상에 예배하는 행위는 불상을 통해 마음을 정화하고 인격을 연마시키며 번뇌를 조복받아 해탈의 공력을 이루려 함이지 그 불상을 통해 초월적 힘과 능력을 부여받겠다는 것이 아니다"라고 말한다(58). 이 말은, 하지 말라는 것을 굳이 하면서 내놓는 합리화에 불과하지 않을까?

불자는 오히려 기독교가 우상숭배의 종교일 수 있다고 반론을 제기한다. "만약 세상을 창조할 만큼 위대한 능력을 지닌 신이 있다고 하더라도 그 신의 마음 가운데에 존재에 대한 집착과 갖가지 욕망이 자리 잡고 있다면 그것은 중생의 속성을 벗어나지 못한 불완전한 존재일 뿐"인데, "만일 신이 있다면 인간의 능력보다는 우월할 수는 있어도 세상을 창조할 만큼 전지전능할 수는 없"는데, 그런 신을 숭배하기 때문이라고 주장한다(58).

"세상을 창조할 만큼 위대한 능력을 지닌 신"이라는 말도 한다. 필자는 불자에게 세상을 창조할 수 있는 능력이 어떤 것인지를 가늠해보라고 말하고 싶다. 광대한 대지와 하늘, 땅 속 깊은 곳에서부터 우주의 저 끝까지, 드넓은 바다와 그 속의 생물체들, 자연의 거대한 조화들을 헤아려보라. 인류가 쌓아온 학문들 즉, 의학과 그 많은 분과들, 생물학, 유전공학, 수학과 물리학, 유체역학, 화학, 광학, 사회학, 역사학 등등, 이 세계와 인간을 고찰하면서 쌓아온 엄청난 양의 지식은 수천 명의 천재들이라면 감당할 수 있을까?

수많은 문명과 수많은 세월에 걸쳐, 매 세대마다 가장 뛰어난

이들이 평생에 걸쳐 연구해도 알아내지 못한 것이 이 피조세계의 신비이다. 심지어 그토록 오랫동안, 그토록 많은 사람들이 사람의 육신과 질병을 연구하였음에도 고칠 수 있는 병보다 고칠 수 없는 병이 많다. 우주의 삼라만상이 신묘하고 조화롭지만 인간의 예측과 기대를 벗어나는 경우가 정말 많다.

창조능력은 단지 기발함이거나 능력이 비상하게 커다랗다는 문제가 아니다. 무한한 지혜, 무한한 자비와 선, 무한한 정의 등등과 무한히 신묘한 조화를 성취할 능력이 없으면 안 된다. 피조물의 행동과 반역 따위에 본성이 흔들리는 존재는 세상을 창조하지 못하고, 설혹 창조했더라도 벌써 파멸하고 말았을 것이다.

불자는 "진짜 우상은 거짓 교리에 있으며, 인간을 미혹하게 하는 가르침에 있다. 불교가 우상숭배의 종교인지 아닌지는 교리 안에서 판단해야 한다"라고 주장한다(59). 맞는 말이다. 우상은 거짓 교리에서 나오고, 거짓 교리를 통해 합리화를 하고, 거짓 교리는 사람들을 그릇된 길로 가게 만들기 때문이다.

그렇다면 참된 교리란 무엇인가? '종교'란 인간의 존재와 현실 세계로부터 우주와 자연세계를 뛰어넘으면서도 아우르는 진리를 추구하는 것이라고 할 때, 그 진리의 일 단면이라도 현실 개인들의 실존과 생명에 닿아야 한다. 진리를 설명할 뿐만 아니라 그 진리로 현실을 밝혀야 하고, 문화와 문명을 밝혀야 한다. 인류의 삶과 사회에 상존하는 악과 싸우는 힘이 있어야 한다. 따라서 현실 세계로부터의 도피를 가르치는 교리는 진리의 가르침이 아니다. 사람의 생명을 북돋아주고 새롭게 하고 참된 삶을 살게 하는 교리가 참된 교리이며, 이로부터 멀어지는 것이 거짓 교리이다. 그렇지 아니한가?

대승불교는 고타마 붓다가 버리라고 한 것을 버리지 못하고 너무 멀리나간 것 같다. 이것이야말로 참된 교리에 어긋나는 것이며, 욕망과 집착 때문이 아닌가? 욕망을 끊임없이 토해내는 샘이 어떻게 그 스스로 자신의 욕망을 끊을까? 물을 흘려내는 샘이 스스로 입을 다물 수 있을까? 솟구쳐 올라오는 샘물이 스스로 올라오기를 중단할 수 있을까? 참된 교리는 참된 '선생'이 참되게 가르친 참된 내용이다. 우리가 그 참된 교리를 참되게 붙잡고 우리 것으로 삼으려면, 먼저 우리 본성의 욕망과 집착의 문제를 해결해야 하는데 우리의 창조주가 우리에게 말씀하신다.

마태복음 8:7, "내가 가서 고쳐 주리라."

지금 어떻게 '다음 생'을 논할 수 있을까?

15 내세론에 대해

불교는 기독교의 내세는 어떤 노력도 부정되는 심판의 세계라고 **비판한다.**

기독교는 불교의 내세는 무의미하고 헛된 내세라고 **답한다.**

현생이든 내생이든, 지상세계든 천상세계든 모든 세계가 하나님의 피조물이며 섭리와 통치의 대상이다. 그래서 우리는 하나님의 말씀을 통해 내생에 대해 알 수 있고 논할 수 있다.

내세론(來世論)은 현재의 생애가 끝난 이후의 생에 대해 논하는 것이다. 현생에서 맞이하는 죽음으로 존재가 소멸되지 않고, 그 다음 생으로 어떻게 넘어가느냐는 문제를 다룬다. 일테면, 기독교에서 부활과 영생, 천국과 지옥을 논하는 것이나 불교에서 윤회와 해탈 그리고 열반을 논하는 것이 내세론이다. 이 주제에 대해 불자는 다음과 같이 말머리를 연다.

> 내생이 있는지 없는지는 엄밀히 말해 죽어봐야 정확히 알 수 있다. 그럼에도 대부분의 종교는 저마다 내세가 존재한다고 주장한다(60).

단언컨대, 불교는 아무리 내생에 대해 논할지라도 안정된 내세론을 구축하지 못한다. 불자가 아무리 죽어봐도 결단코 내생이 실재하는지 어떤 것인지 모른다. 왜냐, 불교가 윤회를 가르친다고 하지만 영혼이나 자아의 실체성을 부인하기 때문이다. 지금의 '나'는 내가 아니라는 것이기에 다음 생에서의 '나'와 지금의 나는 소위 '업보' 또는 인과응보의 필연이라는 연결고리 이외에는 연속성 혹은 동일성이 없다. 그러므로 불교에서, 내가 지금의 삶을 마치고 죽음이라는 문턱을 넘어 다음 생으로 건너가서 어떤 생을 살 것인지를 논하는 것 자체가 무의미하다. 불교의 윤회가 내세론적 의미가 있다면, 현세에서 각 사람은 자신이 과거 생을 몇 개쯤은 기억하고 반성하고 있어야 한다. 지금 불행과 비참을 겪고 있다면, 그 원인이 전생의 업보 때문이라면, 그 과보를 어떻게 쌓았고 왜 지금 응보를 받아야 하는지를 분명히 알고 반성해야 한다.

아무것도 모르는 채, 자신이 겪고 있는 모든 고통과 비참이 단지 과보 때문이라고 믿고, 이 와중에도 모든 것을 감내하며 내생을 위해 선업을 쌓으면 다음 생은 좋을 것이라고 믿는 것은 지독하게 무모하고 허황된 믿음이다. 실은, 기약 없이 고통의 바다에 반복적으로 내던져지는 것에 불과하다. 열반 역시 내세다운 내세가 아니다. 막연히 선업을 쌓기 위해, 자신의 전생이 무엇이었는지도 다음 생에서 무엇이 될지도 모르면서 막연하게도 현생을 희생해야 하고, 무수한 생을 희생하며 도달한 최종단계는 생조차 존재하지 않는 적멸이기 때문이다.

불자는 기독교의 천국과 지옥을 이분법적 구조이며 엄격한 대칭구조로 파악하고, 다음과 같은 문제점이 있다고 지적한다(61).

> 첫째, 기독교의 내세는 사람들이 살면서 행한 선악의 행위에 의해 결정되는 것이 아니라 신의 마음에 따라 좌우된다. 악인도 얼마든지 천국에 갈 수 있고 선인도 지옥에 갈 수 있다.
> 둘째, 천국과 지옥은 한번 태어나면 다시 돌아올 수 없다. 용서와 기회가 없다.
> 셋째, 단 한번 신과 예수를 믿지 않았다는 죄로 언제까지나 흑암과 유황불의 괴로움 속에서 몸부림쳐야만 한다. 아무리 어리석음을 한탄하고 신을 향해 용서를 빌어도 신은 그저 바라만 볼 뿐이다.

기독교는 이 지적을 중심으로 다음과 같이 간략하게 답할 수 있다.

첫째, 인간의 운명이 하나님의 '마음'에 따라 좌우되는 것을 두려워 말라. 무한한 자비와 사랑, 영원불변한 공평과 정의, 무궁한 통찰력과 지혜의 하나님이기 때문이다.

둘째, 하나님은 선악을 분별하는 자신만의 척도를 갖고 계신다. 하나님이 원하는 선은 하나님의 거룩과 완전에 철저히 부합하는 선이다. 한마디로, 거룩하고 완전한 의인(義人)만이 천국에 들어간다.

셋째, 하지만 천국은 착한 행실을 자격조건으로 내세워서 갈 수 있는 나라가 아니다. 천국은 '아버지의 나라'이다. 하나님을 아버지로 삼은, 자녀들의 집이다.

요한복음 1:12, "영접하는 자 곧 그 이름을 믿는 자들에게는 하나님의 자녀가 되는 권세를 주셨으니."

요한복음 3:16, "하나님이 세상을 이처럼 사랑하사 독생자를 주셨으니 이는 저를 믿는 자마다 멸망치 않고 영생을 얻게 하려 하심이니라."

마태복음 13:43, "그 때에 의인들은 자기 아버지 나라에서 해와 같이 빛나리라."

사람들이 흔히 생각하는 것처럼, 하나님이 인간을 용서치 않는 것이 아니다. 인간이 하나님의 용서를 거부하고 외면하는 경우가 거의 대부분이다. 십자가에 달려 죽으신, 하나님 아들 예수 그리스도를 구세주로 받아들이면 죄를 용서받고 영생을 선물로 받고 하나님의 자녀가 되는 권세를 받는다. 무엇보다도 의인으로 만들어주신다. 평생토록 이 사실을 믿지도 않고 예수 그리스도의 이름을 믿지도 않는 것이, 천국에 들어가지 못하는 이유이다.

불교는 인간은 선한 행위에 의해 축복된 내생을 누릴 자격을 획득한다고 본다. 이 생각이 옳다면, 선한 행위를 정말 많이 한 사람은 현생에서도 죽지 말아야 한다. 최소한, 현생에서 누리는 수명은 착한 행위를 많이 할수록 늘어나야 마땅하다. 왜냐, 죽음을 맞이하여 생명활동이 완전히 끝난 그 사람에게, 다음 생을 실현시킬 수 있는 능력을 발휘하는 것이 선행이라면 현생의 수명길이를 조금 더 늘려주는 일은 훨씬 쉬울 것이기 때문이다.

그런데 본성이 악한 사람이 악한 속뜻을 품고 남들 앞에서 선한 행실을 많이 했다면, 이 사람이 선한 행실은 정말 선한 것일까? 다른 사람들의 돈을 갈취해서 얻은 돈일지라도 좋은 일에 사용하면 좋은 것인가? 평생 나쁜 짓을 일삼던 사람이 진정으로 깊이 뉘우치고 반성하면서 죽는다면 이 사람은 선한 사람인가 악한 사람인가? 분명한 것은, 인간의 판단은 철저하게 불완전하며, 잘못된 판단과 착각을 너무 많이 한다는 점이다. 만물이 거짓되되 오직 하나님만이 참되시다. 하나님만이 올바르고 정확하고 공평하고 의롭게 판단하신다.

불교는 행위 자체에 의미를 부여한다. 기독교는 본성에 깊이 뿌리박힌 숨은 동기, 욕구에 대한 하나님의 평가와 은혜를 중시한다.

절대자는 절대적 독재자인가?

16 **선택론**에 대해

불교는 기독교는 신의 독단적 선택에
인간의 운명이 휘둘리는 종교라**고 우려한다.**

기독교는 신의 주권적 선택은 참된 위로의 원천이라**고 답한다.**

절대적 권력이 절대적으로 부패한다는 것은 인간세계의 경험칙이다. 그래서 사람들이 절대 권력의 부당성과 폐해를 거론하면서 절대권력을 추구하는 것에 반대한다. 그리고 권력의 과도한 집중을 방지하는 각종 견제장치를 마련한다. 이런 조처가 옳다고 해서 하나님의 전능성이 부당하다는 식의 발상, 견제되어야 한다는 주장이 옳은 것이 아니다. 무능해야 하나님이고, 견제당하고 좌절당해야 하나님이라는 헛소리를 늘어놓게 된다. 하나님은 무한하고 완전하며 지혜롭고 자비로우시다. 하나님께서 절대적이며 무한한 권력을 홀로 가졌다는 것은 피조물이 어찌할 수 없으며 비판의 여지가 없는 엄혹한, 그러나 위로가 넘치는 사실이다.

1. 구원얻는 믿음에 대해

사람들은 마치 기독교인들은 천국에 들어가기 위해 현재의 삶을 허비하는 것처럼 이해한다. "만약 기독교에 구원과 천국이 없다면 기독교는 존재할 수 없었을 것이다. 기독교인들에게 있어 모든 삶의 목적은 결국 구원과 천국으로 귀결된다"라고 말하기도 한다(64). 하지만 기독교인들조차 그렇게 이해하는 사람들이 적지 않으니 어쩌면 이런 오해를 터무니없다고 간과하기 어렵다.

그러나 분명코, 이것은 오해이며 잘못된 가르침이다. 기독교는 참 생명의 삶을 위한 종교이며, 그 속성상 삶의 밑바닥에 숨어 있는 동기와 실현과정과 목표까지 중시하고 철저하게 개선하는 종교이다. 기독교는 현재의 삶이 하나님께서 보시기에 합당한, 하나님의 척도에 부합하는 거룩과 완전 삶을 살아내고자 하는 종교이다. 기독교인들이 구원과 천국을 목표로 삼는 것은 천국만이 전부이고 그 외의 모든 것은 무의미하기 때문이 아니라 오늘의 생을 바로잡기 위한 지표로서의 역할도 있기 때문이다.

불자는 기독교에 대해 "(구원과 천국의 조건인)믿음조차도 내 마음대로 할 수 없는 것이 기독교 교리라고 말할 때에 구원과 천국에 들 수 있는 조건도 철저히 신의 선택에 있는 것이지 인간의 선택에 있는 것이 아니다"라고 말한다(66). 그 바로 뒤에, "내가 신을 믿고 싶어서 믿는 것이 아니라 신이 스스로를 믿게끔 해야 비로소 내가 믿음을 지니게 된다는 의미이다"라고 부언한다(66). 이 말에서 불자가 곡해하게 된 원인이 무엇인지를 눈치 챌 수 있다.

먼저, 염두에 둘 것은 인간은 결단코 하나님을 원하지 않으며 원할 수도 없고 하나님께 속한 것을 즐거워하지도 않는다는 사실이다. 오히려 자연인은 하나님을 미워하고 하나님께 대적하기를 즐거워한다. 인간의 본래 본성이 이렇다. 절박하고 위급한 상황에 처했을 때 하나님을 찾는 것도 자신의 유익을 위해서다. 잠시 그 순간만을 모면하기 위함이다. 어려움이 지나가면 마치 서두르듯 다시 하나님을 등진다. 잊고 산다. 이런 인간들의 '믿겠다'는 부평초 같은 믿음에 하나님이 일희일비한다는 발상은 우습지도 않은 것이다.

하나님은 자신을 바라지 않는 인간들의 마음을 억지로 돌려놓기를 원치 않으신다. 믿음은 강제성이 아니라 깨달음에서 동력을 얻은 자발성이라야 의미가 있다. 구원을 성취하는 믿음을 갖기 위해서는 먼저, 하나님 위엄과 인간 자신의 실상을 깨달아야 한다. 이 깨달음과 믿음은 자연세계가 아니라 하늘에 속한 것이다. 즉, 영적인 것이다.

그러므로 인간의 어떤 노력 그 자체가 조금이라도 의미가 있으려면 '영적 빛'이 비춰야 한다. 그리고 그 빛을 의지하여 영적 세계를 볼 수 있는 '눈'이 열려야 한다. 이때가 되어야 보아야할 것을 보게 되고 들어야할 것을 듣게 된다. 무엇보다도 자기 자신의 진정한 실체, 자신이 처한 진정한 위기와 참상의 실체와 원인을 알기 시작한다.

2. 천국에 대해

불자는 천국은 "하나님의 나라로서 하나님의 통치가 미치는 영역이라는 뜻"이며, "이 세상과는 완전히 다른 곳이며 영원한 행복과 아름다움이 가득"한 곳이며(65), "천국 역시 신의 주권에 의해 움직이는 세상"이라고 말한다(67). 기독교인이 이렇게 말했다면 대체로 옳은 말이지만 비기독교인 특히, 불자가 이렇게 말할 때에는 유념해야 할 부분이 두 곳 있다.

첫째는 통치권이라는 부분이다. 하나님의 통치권이 미치는 곳을 천국 즉, 하나님 나라라고 한다면 '지옥'조차도 천국이다. 일테면, 왕이 반역자들만 가둬놓은 감옥은 결코 반역자들의 독립된 왕국이 아니다. 반역자들이 점령하고 있는 요새도 실은, 왕의 통치권이 작동하고 있는 곳이다. 반역자들이 점령하고 있는 동안에는 왕의 통치권이 거부당하고 있다는 피상적인 관념을 연장해서, 하나님의 통치권과 천국에 적용해서는 결코 안 된다.

하나님의 통치권은 사탄과 인류의 반역에도 불구하고 취소되거나 중지된 적도 중지된 곳도 없다. 우주 전체에 어떤 빈틈도 남겨두지 않고 하나님의 통치권이 미친다. 천국은 하나님의 거룩한 보좌가 있는 하늘나라이다. 반역자들을 남김없이 몰아냈고, 그 보좌의 영광이 찬란히 빛나는 곳이다. 하나님의 아들의 인도를 받아 우리가 들어가 영원히 하나님 앞에 거하며 찬양하고 경배할 나라이다.

둘째는 세상이라는 부분이다. 불교에서는 지옥조차도 뜨거운 지옥이 8곳이고 차가운 지옥도 8곳이다. 지옥마저도 16세상이 있는 셈이다. 하늘도 욕계천(欲界天)이 6곳, 색계천(色界天)이 18곳, 무색계천(無色界天)이 4곳이다. 모두 28천이고, 각각 천왕(天王)이 있다. 하지만 이 천왕들은 심지어 붓다조차도 사람들을 들어오게 하거나 쫓아내거나 할 권세가 없다(67). 사람은 오로지 자신의 공덕에 따라 들어왔다가 나갔다가 하고, 오르락내리락 한다. 그래서 사람은 어떤 곳에 있든지 부지런히 선업을 닦아야 한다. 마치 아무리 부자라고 해도 "노력하지 않으면 언젠가는 가난뱅이가 될 수밖에 없는 것"과 같은 것이 불교의 천국관이다(69).

기독교의 천국은 영원한 나라이다. 영원토록 하나뿐인 나라이다. 영원한 기쁨을 영원히 누리는 나라이다. 공덕 때문에 들어가서 공덕이 다 떨어질 때까지만 머무는 나라가 아니다. 그 나라에 오래 머물기 위해, 그 나라 안에서도 끊임없이 공덕을 쌓아야 하는 나라가 아니다. 사람이 육적 본성이 하나님을 닮은 거룩한 본성으로 변화되어, 하나님 자녀가 되어 들어가는 나라다. 아버지와 참 자녀가 참된 가족의 행복한 하나 됨을 이룬 '집'이다. 마지막 날, 천국이 우리 눈앞에 펼쳐지는 날, 우리가 살던 이 세상은 극렬한 불에 태워 없어질 것이다. 그 날은 틀림없이 올 것이기 때문에 사도 요한은 인내하라고, 끝까지 믿음을 지키라고 당부한다(요한계시록 14:12). 우리는 마음을 굳게 지켜야 한다(잠언 4:23).

불교는 선택의 여지가 하나도 없다. 가차 없다. 기독교는 전능한 하나님이 무한한 자비로 선택하여 완전한 나라로 완벽하게 이끌어주신다.

하나님의 명령은 준엄할 뿐인가?

17 율법론에 대해

불교는 성경의 계명을 분노와 복수의 잣대라고 **말한다.**
기독교는 계명의 본질은 정의롭고 거룩한 사랑의 완성이라고 **답한다.**

하나님의 명령은 지극히 준엄하다. 전능자의 위엄과 능력으로 충만한 명령이다. 하나님의 명령은 완벽하게 성취될 것이며 우리는 추호의 빈틈도 없이 실행해야 한다. 그러나 그 명령은 그 자체로 목적이 아니다. 그 명령의 성취 그 자체가 목적도 아니다. 명령을 내리시는 하나님의 의도와 목적이 훨씬 중요하다. 그 하나님은 우리를 무한히 사랑하시는 우리 아버지라는 관계가 훨씬 더 중요하다. 준엄하게 명령하시는 하나님 우리 아버지의 자비로운 품에 안겨, 사랑과 은혜가 넘치는 얼굴을 바라보자.

성경과 기독교의 계명을 철저하게 오해하는 경우가 있다. 이런 오해에 빠지면 기독교는 인간을 위한 종교가 아니라 신을 위해 존재하는 종교라고 오판하게 된다. 계명에 대한 오해를 간략하게 정리하면 다음과 같다(70-72).

첫째, 기독교의 율법은 십계명이다.

둘째, 십계명의 첫 네 계명은 신과 관계된 것이고 그 다음의 여섯 계명은 사람들에 대한 것인데, 이는 그만큼 신과의 관계를 중시하고 인간과의 관계를 경시하게 만든다.

셋째, 계명은 명령이며, 가차 없는 징벌을 통해 신을 두려워하게 만들고 인간세상의 질서를 바로잡는다.

넷째, 배도한 인간들에게 신이 구원받는 수단으로 계명을 내린 것은 형식적이다.

기독교는 기독교 신앙에 있어서 계명이 어떤 것인지에 대해 다음과 같이 간략하게 답한다.

첫째, 기독교의 율법은 넓게 보면 성경 전체이다. 그러나 그 범위를 좁히면 모세오경의 '명령'이다. 중세시대에 유대교의 저명한 랍비 마이모니데스(Maimonides)는 구약성경의 첫 5권에서만도 '하라'라는 긍정명령은 248개, '하지 말라'는 금지명령은 365개라고, 따라서 모세오경에만 613개의 계명이 있다고 말했다.

둘째, 십계명은 가장 중요한 것 10개를 중요성 혹은 우선성을 기준으로 배열한 것이 아니다. 십계명은 10개의 계명이기도 하지만 613개 전체의 중심원리와 구도를 보여준다.

셋째, 십계명뿐만 아니라 모든 계명은 십계명의 첫 번째 계명에서 출발한다고 볼 수 있다. 하지만 그 첫 계명을 포함한 모든 계명의 핵심은 '사랑'이라고 예수님이 가르치셨다. 모든 계명은 절대적 사랑에서 완성되고, 신자들의 삶 역시 사랑에서 완성된다.

넷째, 모든 계명 가운데 가장 작고 사소해 보이는 명령 하나를 어기는 것은 그 명령에 저촉되는 수준의 문제가 아니다. 그 입법자인 하나님의 권위를 부인하고 그 위엄을 더럽히는 것이기에 계명 전체를 어긴 것과 마찬가지라는 점이 중요하다.

다섯째, 계명의 주목적은 징벌과 공포감 유발에 있지 않다. 지혜롭고 총명한 사람을 만드는 데 있다(시편 119:104). 거짓을 미워하고, 바른 길을 따라감으로써 모든 일에 형통하고 축복된 삶을 살아내도록 하기 위함이다(신명기 29:9, 시편 119:128).

> 잠언 6:21-23, "그것[계명]을 항상 네 마음에 새기며 네 목에 매라 그것이 너의 다닐 때에 너를 인도하며 너의 잘 때에 너를 보호하며 너의 깰 때에 너로 더불어 말하리니 대저 명령은 등불이요 법은 빛이요 훈계의 책망은 곧 생명의 길이라."
>
> 여호수아 1:8, "이 율법책을 네 입에서 떠나지 말게 하며 주야로 그것

을 묵상하여 그 가운데 기록한 대로 다 지켜 행하라 그리하면 네 길이 평탄하게 될 것이라 네가 형통하리라."

(비교: 열왕기상 2:3, 역대하 31:21)

불자의 이해 즉, 구약의 계명인 율법은 구원의 방편으로 준 것이지만 율법을 통해서는 구원을 받을 수 없기에 예수 그리스도가 오셔서 율법을 준수하는 행위가 아닌 믿음으로 구원받는 복음시대를 개창했다는 표현에는 오해의 여지가 너무 크다. 불자의 이해를 바로잡아주기 위해 최대한 간략하게 다음과 같이 정리한다.

첫째, 구원의 수단 혹은 원리는 모든 시대에 걸쳐 변함이 없다. 율법시대에는 율법과 행위로 구원받고, 복음시대에는 믿음으로 구원받는 것이 아니다. 사람은 하나님의 은혜로, 그리스도로, 말씀과 성령으로, 믿음으로 구원받는다. 이 원리는 모든 시대에 걸쳐 변함이 없다.

둘째, 복음의 시대, 믿음의 시대를 개창한 예수 그리스도는 "내가 율법이나 선지자나 폐하러 온 줄로 생각지 말라 폐하러 온 것이 아니요 완전케 하려 함이로라"라고 말씀하셨다(마태복음 5:17). 그러므로 옛 계명은 아직도 유효한 명령이다.

율법은 하나님과 백성의 관계를 맺는 언약체결의 결과로 수여되었다. 율법의 계명은 하나님 앞에서 그 백성 된 도리와 법도가 무엇인지를 확인하는 척도이고 하나님 앞에서 죄를 범했을 때 그 관계를 회복하는 방편에 관한 것이다. 율법 준수를 통해 하나님과 백성의 계약관계가 형성되는 것이 아니다. 그 반대가 진실이다. 율법은 언약체결의 결과이다. 하나님과의 언약체결로 하나님 백성이 된 사람들은 하나님의 명령을 준수할 책임이 있다. 그렇다면 구약시대에 하나님과 백성의 관계, 언약체결을 하기 위한 기본전제는 무엇일까? 바로 여호와 하나님이 참되고 유일한 하나님이며 유일한 구원자라는 믿음과 확신이다. 신약시대는 하나님이 인성을 취해 사람으로 오셨는데, 바로 하나님의 아들 예수 그리스도이시다. 나사렛 예수가 하나님의 아들 그리스도 우리의 구원자라는 믿음으로 구원받아 우리는 하나님의 백성이 된다. 백성이 된 뒤에 우리는 말씀의 법도에 따라 하나님을 경배하는 삶을 산다.

　구약백성들과 신약백성들에게는 또 하나의 공통점이 있다. 구약성경과 신약성경 즉, 성경 전체를 통해 자신의 내면 깊숙한 곳에 있는 죄의 잔재들을 깨닫고 그 잔재들을 삶의 영역에서 몰아내고 거룩하고 완전한 삶을 위한 영적 전투를 치열하게 치러야 한다는 점이다. 구약백성들과 신약백성들은 자신들의 내면을 여전히 물들이고 있는 더러운 욕구들을 바라볼 때 커다란 슬픔과 두려움 심지어 공포를 느꼈다. 하나님의 거룩하심과 완전하심과 정의로움을 알수록 더 큰 두려움과 공포를 느꼈다. 하지만 구원자 하나님의 자비와 은혜와 사랑, 하나님의 신실함을 바라볼 때 커다란 위로와 소망을 느꼈고, 큰 기쁨을 맛보았다.

> 시편 51:3-5, "대저 나는 내 죄과를 아오니 내 죄가 항상 내 앞에 있나이다……내가 죄악 중에 출생하였음이여 모친이 죄 중에 나를 잉태하였나이다."
> 시편 51:9-10, "주의 얼굴을 내 죄에서 돌이키시고 내 모든 죄악을 도말하소서 하나님이여 내 속에 정한 마음을 창조하시고 내 안에 정직한 영을 새롭게 하소서."
> 로마서 8:11, "예수를 죽은 자 가운데서 살리신 이의 영이 너희 안에 거하시면 그리스도 예수를 죽은 자 가운데서 살리신 이가 너희 안에 거하시는 그의 영으로 말미암아 너희 죽을 몸도 살리시리라."
> 로마서 8:35-39, "누가 우리를 그리스도의 사랑에서 끊으리요 환난이나 곤고나 핍박이나 기근이나 적신이나 위험이나 칼이랴……내가 확신하노니 사망이나 생명이나 천사들이나 권세자들이나 현재 일이나 장래 일이나 능력이나 높음이나 깊음이나 다른 아무 피조물이라도 우리를 우리 주 그리스도 예수 안에 있는 하나님의 사랑에서 끊을 수 없으리라."

기독교인들은 하나님의 특별한 사랑을 입었기 때문에, 하나님의 사랑 안에서 하나님을 사랑하게 되었기 때문에, 계명을 준수해야 한다. 기독교인들은 하나님께 영광을 돌리는 삶을 살아야 하고, 그러한 삶에 합당한 법도는 구약의 계명들에서부터 초보적인 형태로 제시되었다.

불교는 윤회와 인고응보의 차가운 속박에 갇힌 채 내생을 위해 선업을 쌓고자 현생을 무참히 포기한다. 반면에 기독교는 그리스도 안에서 하나님의 무한한 사랑과 복된 풍성함을 맛보고 누리기에 그리고 하나님께서 영적 능력을 부어주셨기에, 하나님의 법도에 따라 하나님께 영광을 돌리는 삶을 현세에서 살고자 한다. 그리스도께서 주시는 새 생명과 은혜는 오늘도 풍성하고(요한복음 1:16-17, 10:10-11), 하나님의 보응 및 포상은 내생에서만이 아니라 현생에서도 넘치도록 풍성하다(예레미야 51:56).

신의 인격은 불완전하여 믿을 수 없는가?
18 지배론에 대해

불교는 하나님의 통치를 불완전한 인격신의
권리행사라고 말한다.
기독교는 인격신의 주권적 통치이기에
완전하고 안전하다고 답한다.

신에게는 본래 '인격'이 없다. 인격(人格)은 사람(인간)으로서의 품격이라는 말이라는 점에서 그렇다. 신(神)에게는 신격(神格)이 있을 뿐이다. 신격은 지극히 고상한 인격에 비할 수 없이 뛰어나고 완전하고 안정적이며, 따라서 무조건적으로 신뢰하고 의지할만하다.

불교는 존재하는 모든 것은 원인과 결과의 법칙에 속박되어 있고, 인격은 희노애락을 겪으며 생멸의 법칙에서 벗어나지 못한다고 전제한다. 이 전제에 입각하면, 기독교의 여호와 하나님은 인격을 가진 신이기에 불완전한 중생의 하나라고 단정하기 쉽다.

> 기독교의 신이 생각하고 말하고 행동할 줄 아는 인격적인 성질을 띤 존재인 반면, 불교의 법은 만물에 적용되고 있는 하나의 이치로 어떤 사고나 감정을 지니고 있지 않다. 불교에서 볼 때 세상의 모든 존재는 법을 떠나 있을 수 없다. 모든 것은 법에 의해 생기고 법에 의해 소멸한다(76-77).

> 기독교의 신도 원인을 조건으로 나타난 존재이기 때문에 연기법의 진리를 비켜갈 수 없으며, 그렇기 때문에 창조의 능력과 전지전능은 자리할 곳을 잃는다. 불교의 법에 의해 기독교의 신을 조명한다면 전지전능하다거나 창조의 주체라는 말은 순전히 허구이며 착각이다(77).

이 주장에는 자기모순적인 부분이 있고, 보다 충실한 설명이 요구되는 부분도 있다. 이 부분들을 질문 형태로 제시하면 다음과 같다.

첫째, 존재하는 모든 것에 원인이 있다면, 불교의 법 역시 실재하는 법이다. 그렇다면 이 법을 존재하게 만든 원인은 무엇인가?

둘째, 존재하는 모든 것이 생성과 소멸을 겪는다면 불교의 연기법 역시 생멸하는 것이다. 그렇다면 연기법을 생멸하게 만드는 원인은 무엇이며, 만일 생멸하지 않는다면 그 원인은 무엇인가?

셋째, 인연생기와 인과응보와 같은 불교의 법칙은 어떻게 중생의 업을 빈틈없이 계산할 수 있고, 16지옥과 28천(天) 등에 있는 모든 중생에게 정확하게 적용시킬 수 있는가? 다시 말해서, 불교의 법칙은 어떻게 전지전능할 수 있는가?

넷째, 존재하는 모든 것을 완전한 지혜와 무궁한 능력으로 창조하고 만유의 법칙을 통제하는 하나님이 인격체라고 해서 어떻게 자신의 길흉화복을 통제하지 못하는 불완전한 존재라고 가정할 수 있는가? 모든 인격체가 불완전하다면 붓다는 어떻게 불완전하지 않는가?

불교에서는 수도자는 구도자(求道者)일 뿐이며, 깨달음은 완전하지 않으며 언어와 문자는 진리를 담지 못한다. 그렇다면 구도자는 하나님의 인격성이 완전한지 불완전한지 정확하게 모른다. 그런데도 무모하게 불완전하다고 단정한다. 이런 식이다. 이것이 불교다. 불완전한 인간에게 자신의 노력과 의지를 통해 자신의 존재성을 밝히고 운명을 개척하라고 주문한다.

> 기독교의 신이 인간을 통해 계시되어 그 존재성이 밝혀지는 데 비해 불교의 법은 인간 스스로 노력에 의해 그 존재성이 밝혀진다. 이는 불교에서 세상의 근원은 어디까지나 법이지만 이를 발견하여 행복하게 살거나, 불행하게 사는 것이 결국 인간의 의지에 달려 있다는 점에서 그 주

체는 결론적으로 인간이라 할 수 있다(78).

이것은 오해의 소치다. 기독교는 '계시'라는 단어를 가장 좁게는 '특별계시' 즉, 하나님이 사람에게 영감을 주어 하나님 말씀을 받아 기록할 수 있게 한 것에 한정해서 사용하는 경우도 있고, 넓게는 하나님의 존재하심을 만물을 통해 계시하신다는 뜻으로 사용하기도 한다. 이것을 '일반계시' 혹은 '자연계시'라고 한다. 기독교는 인간은 자연을 통해 하나님에 대해 비록 희미하게나마 무엇인가를 파악할 있다고 인정하는 것이다.

불교에서 말하는 인연생기와 인과응보 역시 하나님이 자연세계에 새겨 넣은 자연법칙이다. 이러한 법칙이 아무리 위대해도 그 법칙을 만들고 운용하는 전능자보다 위대하지 못하리라는 것은 불문가지이다. 아무리 위대할지라도 법칙 그 자체는 기계적이며, 기계적인 것은 무자비하다. 정말이지, 불교의 법칙들이 실제로 그렇다. 인연생기와 인과응보의 무자비한 법칙을 어찌지 못하고, 그저 그 법칙의 이치에 철저히 승복하여 몸을 던질 수밖에 없다. 그저 법칙에 순치되기를 소원할 뿐인 것이 불교의 실상이며 한계이다.

하나님은 무한한 자비와 무궁한 지혜와 전능한 능력 그 자체인 인격자이시다. 인간이 처한 비참한 곤경과 간절한 희구, 각 사람의 처지와 억울함을 살펴 모든 것을 완벽하고 적절하고 공평무사하게 돌보신다. 하나님은 인격체이기에, 우리를 불쌍히 여기시고 우리와 인격적으로 소통하신다. 그러면서도 하나님은 한낱 피조물에 불과한 인생과 달리 식언치 않고 후회하지 않으신다(민수기 23:13).

무한하고 전지전능한 하나님의 주권은, 유한하고 불완전하며 죄로 물든 그래서 무수히 실패하고 무능력한 인간의 주권과 결코 충돌하지 않는다. 필자가 오히려 묻고 싶다. 인간이 자기 인생의 주인이며 주권자라면, 인간은 자신의 운명을 마음대로 바꿀 수 있는가? 인간은 자신이 원할 때 인연생기와 인과응보의 법칙들을 마음대로 조절하고 바꿀 수 있는가? 불교에서도 법은 인간의 주권적 의지와 상관없이 혹은 충돌 없이 운행된다고 말할 것이다. 하나님의 주권이야말로 그렇다.

불교적 관점에서 보자면, 기독교는 무자비하고 냉혹한 법칙을 최상위의 주권자로 삼고 인간은 그 기계구조의 부품에 불과한 것으로 보는 종교일 수 있다. 하지만 실상은 그렇지 않다. 기독교는 무한히 자비롭고 측량할 수 없이 선하신 절대적 주권자가 그 자녀들의 복된 삶을 위해 세워주신 종교다.

신의 마음과 인간의 마음은 비슷한 것일까?
19 신성론에 대해

불교는 기독교의 하나님은 자신의 영광만 중시하는 무자비한 신이라**고 말한다.**

기독교는 인간은 하나님께 영광을 돌릴 때에야 집착과 이기심을 극복한다**고 답한다.**

인간은 신에게 속한 그 어떤 것도 이해하지 못한다. 아무리 자상하게 가르쳐도 그 가르침을 담지 못한다. 그래서 하나님은 자신의 신비를 인간의 인지능력에 맞춰 혹은 빗대어 설명해주셨다. 그랬더니 사람들이 하나님은 사람과 비슷하며 따라서 불안정하고 변덕스러운 존재라고 착각한다. 명심하라. 하나님은 사람이 아니시다.

불자는 "창조신 여호와는 자기 자신을 너무 사랑했다……인간을 창조한 목적도 인간들이 [신]자신을 사랑하게 하기 위해서였다……신이 인간을 사랑하는 이유가 순전히……[신]자신을 위한 것"이라고 말한다(80). 이 묘사가 맞는다면 정말이지, 하나님은 자기애(自己愛)에 중독된 환자인 셈이다. 그런데 불자는 다음과 같은 말도 한다.

> 기독교에서 인간이 인간을 사랑해야 하는 이유도 순수하게 인간 자체를 위해서라기보다는 하나님을 기쁘게 하기 위한 목적에 있다. "하나님은 사랑이시라 사랑 안에 거하는 자는 하나님 안에 거하고 하나님도 그 안에 거하시느니라"(요일 4:16)라는 구절이 이를 뒷받침한다……신을 사랑하지 않는 한 인간의 사랑은 아무런 쓸모가 없다(80).

이 진술에 반박하거나 찬동하기 전에 먼저, 다음과 같은 질문을 생각해보아야 한다.

첫째, 인간은 지금 어떤 상태에 있는가?
둘째, 인간은 어떻게 해야 지극히 숭고한 사랑을 할 수 있을까?
셋째, 인간이 다른 인간을 사랑하기만 하면 되는가?
넷째, 하나님의 사랑은 무엇이며, 그 사랑 안에 거한다는 것은 무슨 뜻일까?

이 질문들에 대해 기독교적 입장을 간략하게 정리해보자. 먼저, 첫 세 질문에 대해 차례로 답하고, 넷째 질문에 대한 답변을 별도로 하겠다.

첫째, 세상은 행복한 상태에 있지 않다는 것뿐만 아니라 이처럼 온갖 비참과 죄악이 가득한, 참혹한 지옥으로 만든 것은 바로 인간이며 인간의 이기심이라는 것도 거의 모든 사람이 동의할 것이다. 인간은 숭고한 사랑을 할 때조차 완벽하게 이타적 사랑을 하지 못한다.

둘째, 인간이 지극히 숭고하고 완전한 사랑을 하기 위해서는 그런 사랑을 할 수 있는 인격체의 본성을 획득해야 한다. 인간은 자아 집착적 이기적 사랑을 할 뿐인 본성 그 자체, 인간 그 자체가 본질적으로 재창조 되어야 한다.

셋째, 인간은 단지 사랑만 하면 되는 것이 아니다. 집착이 강한 인간의 사랑은 단지 집착일 뿐인 경우가 많다. 이기심과 탐욕에 물들었고 심지어는 사악하고 교활하기까지 하지만 숭고한 사랑으로 포장된 거짓 사랑도 정말 많다. 사랑이라는 미명으로 속박하고 불행한 결말을 초래하는 경우도 정말 많다. 참되고 진실하며 복된 완전한 사랑이어야 한다.

그러면 하나님의 사랑은 어떤 사랑인가를 간략하게 정리해 보자.

첫째, 아무것도 필요치 않고 조금도 외롭지 않은 하나님이 죄인을 불쌍히 여겨, 죄인을 구원하기 위해 독생자, 거룩한 하나님을 지극히 참혹한 죽음에 내어준 구원의 사랑이다.

둘째, 인간이 받아야할 모든 저주와 파멸을 극복하는, 전능자의 절대적인 사랑이다.

셋째, 무한한 창조주 하나님과 유한한 죄인의 관계를 완벽하게 회복시켜주는 사랑이다.

넷째, 죄인을 변화시켜 하나님의 광대무변한 영광 속으로 들어가게 만드는 사랑이다.

성경에서 말하는 사랑은 아무 조건 없이, 아무런 대가를 요구하지 않고, 전적으로 자기를 희생하여 정의를 충족시켜 성취하는 대속적(代贖的) 사랑이다. 우리가 아직 죄인 상태에 있을 때 하나님은 먼저 이러한 사랑으로 우리를 사랑하셨다. 하나님의 사랑은 마치 하나님이 자신의 생명을 뽑아내 빚어서 만든 '환약'과 같은 것인데 하나님은 이 환약을 마치 생명의 맥박이 끊기고 숨이 멎은 인간의 입속에 밀어 넣어 다시 살아나게 만들되, 그 전과는 비할 수 없이 훌륭한 생명력을 갖추고 놀라운 인생을 살게 만드는 것과 같다.

죽음은 소멸이 아니다. 생명이 흩어져 사라지는 것도 아니다. 소멸은 없다. 죽음이란 육적 생명활동이 멈추는 것이다. 불신자가 영원히 축복된 생명과 삶을 얻을 기회를 영영 놓친다는 뜻이다. 아담의 타락 때문에 겪은 영적 죽음 상태를 극복하지 못하고 영원한 파멸상태로 넘어가는 순간을 맞이한다는 뜻이다. 간단히 말해서, 이것이 죽음이다.

심각한 병에 걸린 환자에게 의사는 처방을 내린다. 의사의 처방은, '이 약을 먹어라'라는 '명령'이다. 불자는 영혼의 의사가 내린 이 처방의 말투가 명령조이며, 무조건적으로 받아들이라는 요구라고 불평한다. 마치 배가 잔뜩 부른 사람에게 맛없고 먹기 싫은 불량식품을 억지로 먹으라고 강요하는 꼴이라고 해석한다. 그렇지 않다. 본질을 놓쳤다. 의사가 처방한 약을 먹기 위해서는 먼저, 처방전을 받아야 한다. 그리고 처방전을 갖고 약국으로 가야 한다. 약사에게서 약봉지를 받아, 집에 가서는 시간에 맞춰 정해진 약봉지를 뜯어 정해진 방법으로 복용해야 한다. 약봉지를 입에 털어 넣고 목구멍 너머로 삼켜야 한다. 하나하나 어김없이 정확하게 실행해야 한다. 정말이지, 이런 식으로 하라는 것이 하나님의 계명이다. 영원히 축복된 삶을 살기 위한 방편은, 불자가 말한 것처럼, "신의 명령을 어김없이 이행하는 것이다"(81).

하나님은 정직하고 화평케 하는 사람에게는 평안을 주신다. 수없이 주어진 개선의 기회를 저버린 범죄자들은 죄악 중에서 멸망하고 악인은 강포함 중에서 끊어져야 마땅하다. 극악무도한 자들은 철저하게 정의로운 응징을 받아야 마땅하다. 구약성경에서 기록된 하나님의 보복이 지나치게 끔찍하다고 여겨지거든 먼저, 인간의 죄악이 얼마나 악독한지를 생각해야 한다. 그리고 하나님의 정의는 완전한 자비와 신묘한 균형을 이룬다는 점도 잊어서는 안 된다. 하나님은 실수가 없으시다. 오류 혹은 착오가 없으시다.

인간이 사람을 죽일 때 살인행위의 중심과 바닥에 죄성이 깔려있다. 인간의 판단은 오류가 많고 거짓에 쉽사리 속는다. 그러나 하나님은 결코 속지 않으시고, 율법조항의 의미를 이런 식으로 해석하는 것도 원치 않는다. 오늘날 유대교에서든 기독교에서든 아무라도 이 명령을 문자 그대로 실행하지 않는다. 하나님은 이 명령의 참 뜻이 무엇인지를 알게 하셨고, 그 참 뜻을 실행하는 적절한 방법과 제도를 구축하도록 허용하셨기 때문이다.

기독교인들은 성경의 명령 가운데 어떤 것은 당시의 특수한 상황 때문에 내린 명령, 종교적 명령과 도덕적 명령, 특수한 깨달음을 주기 위한 명령, 포괄적인 일반명령 등을 구별한다. 이렇게 구별하는 것은 무한히 자비로운 하나님이 주신 지혜를 따른 것이다. 불교는 창조주의 완전함을 믿지 않지만 기독교는 창조주의 인격과 완전함을 전적으로 신뢰한다.

경전은 사람이 만들어 내는 것인가?

20 성서론에 대해

불교는 기독교의 성경을 무지가 만들어낸 기록이라**고 말한다.**

기독교는 성경은 하나님이 주신 정확무오한 말씀이라**고 답한다.**

기독교의 경전인 '성경'은 하나님의 말씀을, 하나님의 간섭과 통제 하에서, 인간의 문자로 기록한 책이다. 그런 점에서 하나님의, 하나님에 의한, 하나님을 위한 저술이다.

기독교의 신은 인격적 존재이기에 완전할 수 없다는 전제는 성경의 저작 문제에까지 연장된다. 당연하게도, 성경을 인간들의 기록이라는 측면에만 의미를 부여하니 성경은 하나님의 오류 없는 말씀이라고 여기는 기독교인들이 어리석다고 느껴질 것이다. 반면에, 불교의 경전에 대해서는 자부심을 갖고 거론한다. 간단히 정리하면 다음과 같다(88-89).

(첫째,) 불경의 분량이 월등히 많다.

(둘째,) 불경 또한 오랜 세월에 걸쳐 완성되었다. 붓다의 입멸 후부터 기원후 9세기까지 수많은 경전들이 만들어지는데 그 일에 참여한 사람들이 누구인지 또 그 수가 얼마나 되는지 알 수 없다.

(셋째,) 불경은 영감과 계시의 말씀이 아니라 인간 스스로의 노력에 의해 증명된 인간의 믿음이다.

(넷째,) 불경은 우주와 인간의 기원이나 역사 그리고 미래를 다루는 말씀이 아니라 인간의 괴로움을 해결하기 위한 책이다.

이러한 주장에 대해 다음과 같은 말로 답할 수 있다.

첫째, 경전은 양으로 따질 것이 아니다. 교주의 원음(原音)이 충실하게 담겨 있느냐와 진리가 충분히 담겨있느냐가 중요하다. 그 종교의 목적을 완벽하게 성취할 수 있으면 된다. 오히려 지나치게 많은 분량은 커다란 걸림돌이 되고, 그 내용도 모른 채 단지 축약본을 주문처럼 외우게 만들 위험이 크다.

둘째, 붓다의 입멸후 A.D. 9세기까지 누가 만들었는지도 모르고 심지어 교주인 고타마 붓다의 교설과도 모순을 일으키는 수많은 불경은 도대체 무슨 의미가 있을까? 8만 4천에 달한다는 불경을 다 통달하고, 하나로 꿴 불자는 있기나 한가? 결국, 소의경전(所依經典)[3]과 교상판석(敎相判釋)[4]에 의존할 뿐이니 법문의 수량은 무의미하다.

셋째, 역으로 말해보자. 인간 스스로의 노력에 의해 증명된 인간의 믿음은 어떤 것일까? 하지만 증명되지 못한 허무한 믿음 또한 무수히 많다. 어쨌거나 불경은 인간의 한계 안에 갇혀 있는, 인간의 깨달음이며 인간의 말이다. 종교의 깊은 영역은 인간의 한계를 초월하는 것이며, 인간의 노력에 의해서는 결코 입증할 수 없는 것들의 영역이다. 결국 불경은 종교의 진정한 것들을 말해줄 수 없고 따라서 불자는 자연현상 위에 있는 진리를 알 수 없다.

이와 결부된 것이 **넷째** 문제이다. 과연 불교는 인간의 괴로움을 해결해주었는가? 그렇지 않다. 예를 들어보자. 천연두는 인류

---

3) '소의경전'은 불교의 각 종단이 나름대로 근본으로 삼는 경전을 가리키는 불교용어이다. 예를 들면, 조계종은 〈금강경〉을, 화엄종은 〈화엄경〉을, 천태종은 〈법화경〉을, 정토종은 〈정토삼부경〉을 근본경전으로 삼는다.

4) '교상판석'은 줄여서 '교판'이라고도 한다. 석가모니의 가르침과 사상을 각 종단의 입장에서 체계적으로 정리하고 해석법을 밝힌 것이다. 각 종단의 성립근거와 명분을 천명하는 역할을 한다. 천태종은 오시팔교(五時八敎), 법상종은 삼교팔종(三敎八宗), 화엄종은 오교십종(五敎十宗)이라는 교판에 입각해서 성립된 종단이다.

를 위협한 치명적인 질병이었다. 언제나 그랬다. 1796년에, 에드워드 제너가 처음으로 '우두'를 만들어 예방접종을 실시했다. 하지만 제너는 예방접종의 원리를 알아내지는 못했다. 그 원리는 1885년에 파스퇴르가 발견했다. 하지만 항생물질은 1928년에 알렉산더 플레밍이 발견했고 이 물질에 '페니실린'이라는 이름을 붙였다. 그리고 1943년에 페니실린 상용화에 성공했다. 1944년부터 페니실린은 수많은 사람의 목숨을 전염병으로부터 구했다.

천연두와 같은 전염병, 그리고 푸른곰팡이 등은 언제나 인류 곁에 있었다. 하지만 예방접종의 원리를 발견한 것은 불과 130여 년 전이다. 항생제를 만들어 인명을 구하기 시작한 것도 불과 70여 년 전부터이다. 이 위대한 발견은 분명 인간 스스로 해낸 것이다. 하지만 분명한 것은, 눈을 감고 명상에 잠겨 호흡을 잘 조절한 끝에 '득도'하여 얻어낸 것은 결코 아니다. 오랜 세월에 걸쳐 두 눈을 부릅뜨고 연구하고 만들어낸 각종 학문과 장비들과 공학기술들이 일정한 수준에 도달했기 때문에, 가능했던 성과였다.

현대 의학, 생물학, 유전한, 생리학 등의 놀라운 학문적 성과와 기술력 가운데 과연 어떤 것이 인간 내면에서 나오는 믿음을 신뢰한 채 두 눈을 꼭 감고 깊은 명상에 잠겨 얻어낸 것인가? 나라의 운명이 풍전등화의 위기에 처했을 때 불법의 신통력을 빌리고자 불사를 일으키거나 대장경을 만들기도 했는데, 과연 전란을 피하거나 쇠락을 면할 수 있었는가?

　요나라의 침입을 불심을 일으켜 막고자 〈초조대장경〉을 간행했지만 소용이 없었다. 이 〈초조대장경〉은 1232년의 몽골 침입 때 불에 타서 없어졌다. 몽골군을 피해 강화도로 도피해서 1236년부터 2차 대장경 간행을 시작해서 1251년에 완성했는데 이것이 〈팔만대장경〉이다. 고려의 불심에도 불구하고 몽골은 망하지 않았다. 오히려 고려는 국력이 피폐해졌고, 몽골에게 복속되었다.

　미얀마의 석장경도 마찬가지이다. 영국의 침략 앞에 속수무책이던 민돈 왕은 1857년에 불경 결집대회를 소집했다. 만달레이에 소집된 2,400명의 승려가 6개월에 걸쳐 가로 1m 세로 1.5m의 석판 729개에 불경을 새겼고, 729개의 불탑을 세워 보관케 했다. 하지만 불과 몇 년 뒤에, 독립을 잃고 '영국령 버마'에 편입된 식민지로 전락했다.

　불교는 인간이 겪는 괴로움을 오로지 그 괴로움을 지각하는 인식작용에서만 찾는다. 마치 주머니 속에 있는 송곳이 살을 찔러 느끼게 된 고통을 단지, '아프다'고 인식하는 '자아' 혹은 '마음'을 부정하여 없애려고 작심한 셈이다. 영원한 법을 깨달으면 일체의 번뇌도 사라질 것이라고 생각하여 무념무상에 드는 수련을 닦는다. 송곳을 주머니에서 꺼내면 된다. 송곳에 뚜껑을 만들어 씌워도 된다. 성경에 따르면, 괴로움의 원인은 궁극적으로는 내면의 죄성에 있다. 하지만 내면의 죄성은 외적인 결과들을 만들기도 하고, 내외의 상호작용을 통해 실제로 괴로움을 일으킨다. 그 원인(들)은 경우마다 다양하고 다르다. 그 내외적 원인(들)을 모두 찾아서 제거해야 한다. 사람과 사람이 맺은 관계에 따라 다양한 문제가 일어나고 그 적절한 해법도 다양하다. 그 해법을 찾아내기 위해, 사람은 두 눈을 뜨고 그 문제를 면밀히 살피고, 때에 따라서는 다른 사람들의 지혜와 도움을 구해야 한다.

불자는 성경과 불경의 특징을 다음과 같이 포착한다.

> 기독교 성서를 보면 처음부터 끝까지 사건의 연속이다. 창조와 약속, 배신, 타락, 복수, 징벌 등 온갖 사건 속에서 기독교 성서는 인간이 겪는 절망과 희망을 이야기하고 있다. 그러나 불교는 특정한 사건을 중심으로 진리를 설명하지 않는다(89).

여기에서 중요한 초점은 '사건'이며, 사건을 이해하는 방식이다. 역사적으로 벌어지는 사건이 갖는 의의에 대해, 불자는 "기독교는 세상에서 벌어지고 있는 사건을 통해 신의 진리가 구현된다고 보기 때문이며 불교는 사건이 모두 중생의 업에 따른 것으로 결국에는 벗어나야할 대상으로 보기 때문이다"라고 관점의 차이를 분명히 한다(89). 불자는 사건에 의의를 두지 않는 것이 불경의 장점이며, 불교의 특징이라는 식으로 말하지만 분명코 이것은 단점이다.

성경은 인간의 죄성 및 그 운명은 하나님, 세계와 자연환경, 다른 인간들과의 관련성을 결코 배제할 수 없다는 것을 그 첫 장면부터 명확히 밝힌다. 불교에서 말하는 법, 인연생기, 인과응보와 같은 것들도 사건들의 연속인 '역사'와 개별적 인간을 분리해서는 결코 성립될 수도 온전히 파악될 수도 없는 것이다. 선업을 쌓는 과정에서 반드시 발생하는 것 역시 사건(들)이다. 사건 없이는 아무것도 이룰 수 없다.

성경은 사건을 보여준다. 평범한 신자일지라도 사건을 자세히 살펴서 인과관계를 정확히 파악하는 안목을 기르고, 지혜와 통찰을 얻을 수 있다. 인류의 역사가 시작되고 진행되고 종결되는 전모를 파악하여 어떻게 하면 복된 인생을 살 수 있는지 깨달을 수 있다. 불교는 경전을 스스로 만들었다. 기독교는 경전을 완전한 하나님으로부터 받았다.

인간은 스스로 구원을 성취할 수 있을까?
21 명칭론에 대해

불교는 예수와 같은 구세주는 필요 없다고 말한다.

기독교는 예수 그리스도는
신의 자비와 지혜의 절정이라고 답한다.

인간은 스스로 구원을 성취하지 못한다. 구원에 관한 한 인간은 전적으로, 완벽하게, 무능력하다. 인간을 구원하는 데에는 우주를 창조하는 것보다 훨씬 더 큰 능력이 필요하지만 인간은 자신의 구원에 조금도 기여하지 못한다.

불교는 전지전능하며 인생사에 섭리적으로 개입하는 신의 존재를 부인한다. 당연하게도, 신이 세운 구세주라는 개념도 부인한다. 인간이 세상에서 행하는 모든 것은, 신과는 전혀 상관없이 인간이 주체가 되어 인간 스스로 행한 것이라는 것이 불교의 입장이다. 불교는 이 입장에서 기독교의 신 개념을 파악할 때, 인간이 주체가 되어 행한 행위까지도 신이 주체가 되어 행한 것이라고 오판한다. 그래서 "전지전능한 신이 왜 이런 짓을 하는 것일까?"라고 어이없다는 듯이 반문한다(93). 불교의 세계관이 갖는 한계는 아래 진술에서 더욱 여실히 드러난다.

> 세상에 아무것도 부족함이 없다는 신이 왜 이런 각본을 지어놓고 운행하면서 세상을 내려다보고 있을까……불교는 인간을 타락하게 하고 인간을 고통스럽게 한 장본인이 인간이므로 그 타락과 고통을 해결할 수 있는 것도 인간으로 본다(93).

이 의문에 대해 다음과 같이 간략한 명제로 정리해서 답할 수 있다.

첫째, 조금도 부족함이 없는 이가 미천한 이를 위해 자기 자신의 생명을 희생하는 것은 정말이지 커다란 자비이며 사랑이다.

둘째, 도저히 감당할 수 없는 응보에 짓눌려 파멸해가는 이를 자업자득이니 스스로 해결하라고 수수방관하는 것이야말로 무자비이다.

이제 이 명제들을 좀 더 충실하게 설명하겠다. 모든 인연을 끊고 세상을 완벽하게 등지고 '자아'조차도 잊고 싶다는 생각이 들 정도로 인생은 무수한 괴로움으로 가득하다. 인간 본연의 능력으로도 감당하지도 극복하지도 돌파하지도 못할 괴로움이 끝없이 닥쳐온다. 인간이 빠질 수 있는 오류 가운데 하나는, 이 측면만이 인생의 본질이라고 보고 '좋은 측면'조차도 무의미하다고 간주하는 염세주의 탈속주의에 빠지는 것이다. 이 방편은 하나님이 없다고 하는 주장에 의해 더욱 심화될 수 있다. 각자도생(各自圖生) 이외에는 도리가 없다. 영혼과 자아를 부정하고 몰아(沒我)와 해탈을 추구하는 철학을 고타마 싯다르타가 받아들이고, 후대에 체계화한 것이 불교다.

온 세상에 괴로움이 가득하고, 인간은 번뇌가 가득하고, 죄악과 강포를 끝없이 쌓더라도 전능하고 자비로운 구세주가 실재한다면 희망이 있다. 구세주가 인간의 문제를 바로잡고 온 세상에 평화와 쉼을 주기 위해 오시겠다면, 인간의 본성을 다시 만들고 세상을 다시 만들기에 충분한 능력을 갖춘 이가 나선다면, 인간의 문제는 더 이상 문제가 아니다.

다른 예를 들어보자. 어떤 집에서 기르는 개가 옆집 개를 물어 죽였다. 개가 개를 물어 죽였으니 주인들은 아무 상관이 없는가? 결코 그렇지 않다. 주인들 간의 문제이기도 하다. 양쪽 주인은 왜 이런 일이 생겼는지 원인을 따져보고 각자의 책임을 확인한 뒤에 변상을 해야 한다. 그 개가 옆집 아이를 물었다면 훨씬 심각한 문제가 된다. 비록 아이가 개를 괴롭히다가 물렸더라도 아이의 아버지는 결코 묵과하지 않을 것이다. 그 주인에게 단단히 따지고 책임을 물을 것이다. 아이의 아버지는 왜 이 문제에 개입할까? 묻는 게 잘못이다.

피조물에 불과한 인간이 창조주 하나님께 반역을 일으킨 것만이 죄가 아니다. 인간이 다른 인간을 해치거나 괴롭게 하거나 각종 죄를 짓는 것은 창조주 하나님께 죄를 짓는 것이다. 심지어 도움이 필요할 때 도움을 주지 않는 것도 죄악이다. 원수가 목 말라 할 때, 원수가 굶주릴 때, 원수에게 물 한 그릇, 떡 한 덩어리를 주지 않는 것은 창조주 하나님께 죄를 짓는 것이다. 불쌍한 사람을 불쌍히 여기지 않고, 나그네를 박정하게 대하며 그 고단함을 돌아보지 않는 것도 창조주 하나님 앞에서 죄를 짓는 것이다. 이것이 진리의 차원, 종교적 차원에서 죄의 의미이다.

인간의 모든 죄악은 그 자신의 독단적 결단과 실행의 결과이다. 불자가 부인하지 않을 이 사실을 기독교가 하나님의 섭리와 구세주를 가르친다고 해서 기독교인은 인간의 내면구조와 행동원리를 사실과 다르게 생각할 까닭이 없다. 불자나 기독교인이나 똑같은 인간이며, 똑같은 인간을 만난다. 불자가 두 눈을 감고 자신의 내면을 들여다보면서, 자발적이며 독단적 결행조차도 '인과응보' '업' '윤회'라는 법칙들을 구실로 적극적 책임을 면하려는 논리를 세우는 것은 옳지 않다. 적극적 책임을 부인하니 구세주가 필요 없다고 느낄 뿐이다.

하나님은 인간에게 자발적 의지와 독립적 결단 그리고 자율적 실행 능력을 주었고, 먹지 말라고 명령했고, 먹으면 죽는다고 경고했다. 이럼에도 불구하고 인간은 탐욕에 사로잡혔고 자신의 욕심을 이루기 위해 자발적으로, 독단적으로, 하나님을 등지고 죄를 행했다. 그 죄과는 전적으로 인간의 책임이고 그 죗값을 그 자신과 모든 후손이 치러야했다. 하나님이 왜 구속자를 보내 인류의 이 죗값을 대신 치르게 했는지 그 죄의 속성을 살펴보자.

첫째, 무한하고 전능한 하나님께 대해 유한한 인간이 저지른 반역이었다.

둘째, 하나님의 무한한 거룩성 앞에 설 수 없을 정도로 인간은 불결해지고 추악해졌다.

셋째, 하나님의 정의로운 진노 앞에서 인간은 영원한 죽음과 파멸을 피할 수 없다. 혈과 육을 가진 진정한 인간이면서도, 영원한 하나님의 무한한 진노를 감당하고 영원한 죽음과 파멸의 고통을 극복하고 죽음의 권세를 이길 수 있는 피조물은 없다. 더군다가 모든 인류를 구원할 수 있는 구세주는 피조세계에서는 나올 수 없다.

이러한 인류를 지극히 불쌍히 여겨 구원해주기 위해, 하나님은 자기 아들을 내어주셨다. 아들 하나님은 자발적으로 아버지 하나님의 뜻을 따르기로 하고, 인류를 사랑하여 자신을 낮은 곳에 내어주셨다.

불교는 신이 없어도 인간이 세상을 얼마든지 구원할 수 있다고 자부한다. 하지만 붓다는 결코 어떤 나라도 구한 적이 없다. 고타마 붓다는 고향인 카필라가 멸망하고 동족이 살육 당하는 것을 막지 못했다. 불교를 적극적으로 후원했던 마가다 왕국, 쿠샨 왕조의 멸망도 불교왕국들이 이슬람에 정복되는 것도 막지 못했다. 불교는 자신도 지키지 못했다.

세상을 구원하기 위해서는 세상의 원리를 직시해야 한다. 인간을 구원하기 위해서는 인간의 본성을 정확하게 파악해야 하고, 인간의 본성을 바꿀 수 있는 능력과 방법이 어떤 것인지를 정확하게 알아야 한다. 불교는 눈을 감고 자기를 들여다보는 것 이외의 모든 것을 버렸다.

불교는 전능한 구세주를 빼버린 인간의 종교다. 기독교는 창조주가 인생의 근본문제를 해결해주는 종교다.

신성이 하나이든 셋이든 상관이 없을까?
22 성령론에 대해

불교는 기독교의 성령은 존재할 수 없고 예수의 몸은 과거의 업에 의해 만들어졌다**고 말한다.**

기독교는 성령은 하나님이고 예수는 완전한 하나님인 동시에 완전한 사람이라**고 답한다.**

우리는 하나님을 규정할 능력이 없다. 하나님은 자신을 하나라고 계시하기도 하셨고 셋이라고도 계시하셨다. 그러므로 우리는 하나님은 하나인 동시에 셋이신 분이라고 증언해야 한다.

대체로 사람들은 기독교의 삼위일체론을 단일신론으로 이해한다. 그래서 예수를 "하나님이라고 하는 신 여호와의 성령이 인간의 모습을 하고 세상에 태어난 존재"라고 말하곤 한다(95). 그리고 "예수는 인간의 모습을 하고 있지만 이미 인간이 아니며 역사 속에서 존재했지만 역사적 인물이 아니다"라든지 "여호와 신 성부가 성령으로써 성자가 되어 세상을 구원한다"라고 말한다(96). 이처럼, 기본전제에서 착오를 일으키면 계속해서 잘못된 결론을 내린다.

　삼위일체 하나님의 어느 한 위격을 단독적 주제로 삼아 다룰 때에는 각 위격은 독립적이고 대등한 권한을 가진 구별된 인격체라는 점을 명심해야 한다. 각 위격이 아버지, 아들, 영이라는 호칭을 취하는 것은 인간을 구원하는 경륜을 펼칠 때 각 위격이 맡은 역할을 우리에게 잘 이해시켜주고, 잘 분별토록 해주기 위함이다. 하나님은 영(靈)이시다(요한복음 4:24). 제1격인 아버지도 제2격인 아들도 제3격인 성령과 마찬가지로 영적 실체이시다. 그럼에도 불구하고 제3격은 스스로 영이라는 호칭을 취하고 그렇게 불린다. 인류를 구원하기 위한 경륜에서의 차이를 인식시켜주기 위해, 아버지는 보내고 아들은 아버지에게서 보냄을 받고 세상에 오셨다. 성령은 아버지와 아들에게서 보냄을 받아 세상에 와서 아버지와 아들의 일을 마무리 짓는다.

　아버지와 아들의 보냄을 받은 성령은, 아버지 하나님이 영원

전부터 사랑했고 아버지 하나님이 아들 하나님에게 주었고 아들 하나님이 대신하여 속죄의 죽음을 죽어준 이들에게, 아들 하나님이 성취한 구원의 공로를 적용해준다. 이렇게 성령은 실제로 구원을 일으킨다. 그리고 완성한다. 죄인의 구속사역은 이렇게 삼위일체 하나님의 조화로운 경륜 속에서 기획되고 성취되고 완성된다. 아버지 하나님과 아들 하나님이 완전한 하나님인 것처럼, 성령 역시 완전한 하나님이다.

  삼위일체 하나님과 성령에 대해 불자가 어떻게 이해했는지를 간략하게 정리해보면 다음과 같다(95-96).

  (1) 예수는 하나님이라고 하는 신 여호와의 성령이 인간의 모습을 하고 세상에 태어난 존재이다.
  (2) 신 여호와와 예수는 동격으로 별개의 존재가 아니다.
  (3) 성령은 곧 여호와 신의 영이며 동시에 예수의 영이다.
  (4) 여호와 신 성부가 성령으로써 성자가 되어 세상을 구원한다.

  이에 대해 기독교는 간략하게 다음과 같이 답할 수 있다.

  첫째, 예수는 제2격 하나님이 인간의 본성을 취해 세상에 오신, 완전한 하나님이신 동시에 완전한 사람이시다. 제3격인 성령 하나님과는 구별된 인격체이시다.

  둘째, 여호와는 유일하신 하나님에 대한 구약의 호칭이었고, 예수는 하나님이 인성을 취해 그리스도가 되어 세상에 오신 분에 대한 호칭이다.

셋째, 성령은 아버지 하나님과 아들 하나님의 보내심을 받아 우리에게 임한 하나님이시다.

넷째, 아버지와 아들과 성령은 본체론적으로 하나이지만 서로 구별된 인격체이시다. 구원의 경륜에 있어서, 아버지는 계획하고 아들은 아버지의 뜻에 따라 공로를 성취하고 성령은 아버지와 아들의 뜻에 따라 적용하여 실현한다. 구원 경륜에 있어서 이 조화는 조금도 이지러짐 없이 완벽하다.

기독교는, 자신의 지혜와 능력으로 자신의 본성을 반영하는 피조세계를 창조하고 통치하는 무한하고 전능한 창조주 하나님이 인류에게 자신을 드러내고 알려주고 이끌기 위해 주신 말씀 즉, 성경의 종교이다. 우리는 성령의 도우심을 받아 성경 말씀을 깨닫고, 그 깨달음 속에서 하나님과 그리스도를 만나고 알고 섬긴다.

불교에서는 "이 세상을 지배하는 것은 신이 아니라 진리의 가르침이고, 바로 그 법 아래 중생들이 업을 지어 태어나기도 하고 죽기도 한다"라고 말한다(97). 이 진술에서 "신이 아니라"는 부분만 빼면 얼핏, 올바른 진술처럼 느껴진다. 그래서 기독교와 불교는 '진리'를 추구하는 종교로서 그다지 차이가 없다고 느끼는 사람들이 많다. 그러나 불자의 진술에서처럼, 기독교와 불교 사이에 '하나님의 존재' 여부에서만 차이가 있는 것이 아니다. '진리'의 개념과 내용에서도 엄청난 차이가 있다.

불교에서 말하는 진리는 인연생기 생자필멸과 같은 법칙이라고 해도 과언이 아닐 것이다. 그런데 도대체 그 진리는 누가 만들었으며, 중생이 법에 따라 생멸하도록 만든 것은 누구이며, 그 진리는 언제 멸할 것인지 묻지 않을 수 없다. 영원한 것은 없다면 법 또한 영원하지 않다. 원인이 없는 것은 없고 생자필멸이라면 법도 열반도 필멸한다. 법과 열반 역시 기획하고 설계하고 만들고 유지 보수하여 영원히 지속토록 하는 이가 있어야 한다. 그래야 영원히 존속할 수 있다. 영원히 존속케 하는 그는 영원하고 완전해야 한다.

불교는 스스로를 자비의 종교라고 하지만 중생 스스로를 구원하라고 내모는 무자비한 종교이다. 중생에게 자신을 구원할 만큼 공덕을 쌓으라고 명령하고 그 공덕을 힘으로 바꾸라고 더욱 매몰차게 명령하는 종교가 불교이다. 삶의 무게를 견디지 못하는 인생에게, 구세주 따위를 기대하지 말라고, 오히려 복된 삶을 저버리고 스스로 구세주가 되라고, 될 수 있다고 가르치는 종교가 불교이다.

예수는 석가모니처럼 "중생을 위해 과거 생에 수행을 쌓은 흔적과 원을 바란 자취"가 없다(98). 예수는 전능한 하나님이 인성을 취하여 구세주로 오신 분이기 때문이다. 예수는 자기 안에 충만한 신성 때문에 자기에게 오는 모든 이들을 구원할 전능한 능력자다.

　종교의 문제는 본질적으로, 진리와 진실의 문제다. 세계관은 철학일 수 있으나 진리에 부합하고 현실에 부합해야 하고, 충분한 능력을 갖춰야 한다. 그렇지 않은 철학은 몽상일 뿐이다. 기독교 세계관은 창조주 하나님의 뜻과 원리에 부합한다. 기독교는 창조주 하나님의 신실하심에 기초를 둔 진리관과 세계관을 가진 종교이다. 기독교는 인간의 현실에 뛰어든 하나님의 종교이며, 성령을 통해 전능한 하나님의 능력을 의지하는 종교이다.

죄성에 물든 몸의 한계를 어떻게 극복할 수 있을까?
23 신분론에 대해

불교는 예수는 번민하는 중생에 불과하다고 말한다.
기독교는 하나님의 비밀인
　　　　　예수 그리스도를 깨달아야 한다고 답한다.

죄성에 물든 몸의 한계는 하나님의 은혜와 능력으로 말미암아 극복할 수 있다.

불교는 하나님의 신비로운 경륜에 어리둥절해 하면서도 오히려 "석가모니는 불완전한 인간에서 완전무결한 부처가 되었기 때문에 단 하나의 속성과 신분만이 존재한다"는 것에 만족한다(106). 그러나 불교의 이 입장에 애매한 부분이 있다. 불완전한 인간이 부처가 된다는 말에서 '부처가 된다'는 말은 어떤 인간이 된다는 뜻인지를 명확하게 설명해야 한다.

고타마 싯다르타가 '깨달음'을 얻어 해탈의 경지에 들어갔을 때 그 몸은 깨달음을 얻기 전과 동일한 상태에 있다가 완전한 열반에 들어갔는가? 열반에 들어갔다가 현현한 붓다는 어떤 몸일까? 몸이 없는, 단지 환상에 불과한 존재일까? 보통 사람의 육신과는 전혀 다른 육신을 갖게 되었는가? 만일 다른 몸이라면, 어떤 종류의 몸일까? 근본불교 혹은 소승불교의 가르침에 따르면, 고타마 붓다의 몸에는 전혀 변화가 없었을 것 같다.

그러나 대승불교의 가르침에 따르면, 붓다는 전혀 다른 성격의 몸을 가졌다. 이 몸에 대해 정확하게 설명했으면 좋았을 텐데 이를 생략하고 단지, "인간 차원뿐만 아니라 신들의 차원까지도 벗어나 완전무결한 최상의 지위를 획득했다"라고 말한다(106). 심지어 〈화엄경〉은 "천상과 천하 가운데 부처와 같은 존재가 없고 시방세계 어디에도 부처와 비할 자가 없다고 하면서 부처를 찬탄하고 있다"라고 자랑한다(106).

붓다의 몸 즉, 비교할 수 없이 독특하며 완전무결한 몸이란 뭘까? 인간과 무릇 신들의 몸과도 다른 몸은 어떤 몸일까? 붓다가 설법을 통해 중생을 완전한 인간으로 만든다고 하는데 이 완전한 인간의 몸은 또 어떤 것일까? 정말이지, 붓다는 훗날 자신의 설법을 통해 중생을 완전한 인간으로 만들어주겠다고 가르쳤는가? 어떤 몸일까? 결코, 호기심 문제가 아니다.

중생은 스스로의 정진을 통해 깨달음을 얻어 해탈하여 열반에 들어가는 것이 본래 붓다의 가르침이었다. 그렇다면 자신의 설법을 듣는 중생을 완전한 인간으로 바꿔줄 수 있다고 하는–후대 불교가 가르치는– 붓다의 능력은 언제 생긴 것일까? 이러한 능력이 입멸 전에 붓다에게 생겼다면 정말이지 붓다가 설법을 통해, 마가다 왕국의 중생들과 인도인 전체를 완전한 인간으로 만들어 불국토로 만들지 않았다는 것은 해괴한 일이다. 붓다는 모국 카필라가 멸망당할 때 그 참혹한 전쟁을 설법으로 중지시키지 않았고, 정복자들과 피정복자들 모두를 완전한 인간으로 변화시키지 않았다. 실로, 납득하기 어렵다.

인간 본성은 진리와 정의를 외면하고 죄 짓기를 즐거워한다. 죄는 마치 술을 마신 것과 같다. 술이 입에서 식도를 타고 위장으로 들어갔다가 배설되는 것으로 끝이 아니다. 술기운은 혈관을 타고 온 몸으로 퍼진다. 세포 하나하나까지 영향을 미친다. 마음과 기분과 생각에까지도 영향을 미친다. 들이킨 술의 양에 따라 점차 다른 사람처럼 되어간다. 취기가 오를수록 절제력은 약화되고 술기운을 이기지 못한다. 죄는 이와 같다.

죄는 누룩처럼, 술기운처럼, 악성 전염병처럼, 걷잡을 수 없이 퍼진다. 온 몸으로 퍼지고 온 세상에 퍼진다. 죄는 사람에게 쾌락과 희열을 준다. 실수로 사람을 죽인 사람은 양심의 고통을 느끼며 괴로워한다. 재물을 뺏기 위해 사람을 죽인 사람은 재물을 얻은 기쁨으로 양심의 가책을 억누른다. 하지만 군대를 이끌고 적군을 무수히 죽인 장군은 영웅이 되고 부귀영화를 누리며 자신의 살인을 무용담처럼 자랑한다. 죄는 중독성이 강한 쾌락을 준다. 더욱 짜릿한 쾌감을 더 맛보기 위해 기꺼이 죄에 죄를 더한다. 인간의 죄성이 이렇다.

하나님은 인간의 행위만 문제 삼지 않으신다. 그 행위를 결정하고 실행하는 인간의 의식과 동기, 그리고 그 근본적인 본성을 문제 삼는다. 윤리적 혹은 법률적 차원에서 선행은 그런 차원에서 선행이라고 인정해주시지만, 이기적이며 계산적인 선행은 위선이며 거짓된 선행이라고 보신다. 이처럼 하나님은 행위자의 중심과 근본 동기를 정확하고 철저하게 판단하여 처결하신다. 하나님은 공평하시다. 인간이 자신을 이렇게까지 깊이 통찰할 수 있도록 '거울'로 주신 것이 율법 즉, 계명이다. 율법은 이처럼 자신의 참 모습을 들여다보고 그 저주스러운 모습에 치를 떨며 하나님의 심판을 두려워하게 만들기도 하지만 하나님의 무한한 자비와 도움의 손길을 발견하고 즐거워하게 만들어준다. 거울을 깨끗이 닦고 올바로 사용하면 축복이다. 사람들이 피상적으로 이해하는 것과는 달리, 율법과 계명을 철저히 준수하는 사람에게 하나님은 공포가 아니라 만사형통을 약속하셨다(여호수아 1:7-8, 열왕기상 2:3). 더군다나 율법이 밝혀주는 길을 따라가면 예수 그리스도를 만날 수 있고, "믿음으로 말미암아 의롭다 함을 얻게" 된다(갈라디아서 3:24).

예수 그리스도를 믿을 때 하나님은 능력을 발휘하여 우리를 마치 예수 그리스도에게 접붙인 것처럼 만들어(로마서 11:23) 우리도 "사랑과 희락과 화평과 오래 참음과 자비와 양선과 충성과 온유와 절제"를 열매 맺는 나무와 하나가 된다(갈라디아서 5:22-23). 죄의 열매를 맺는 죄악된 본성에서 성령의 열매를 맺는 거룩한 본성으로 신비로운 변화를 겪는다. 본성이 변화되었고, 그 생명력과 자양분이 하나님으로부터 오기 때문에, 세상의 어떤 것도 우리가 성령의 열매 맺는 것을 막지 못한다.

예수는 하나님이 세운 '그리스도'이시다(누가복음 9:20, 요한복음 11:27). '그리스도'는 문자적으로는 '기름부음 받은 자'라는 뜻이며 히브리어 '메시아'를 번역한 것이다. 대체로 '구원자' 혹은 '구세주'라는 뜻으로 사용하지만 근본적으로는 '중보자' 혹은 '중재자'라는 뜻이다(디모데전서 2:5, 히브리서 9:15). 하나님의 정의로운 분노와 반드시 죽어야 하는 죄인 사이에 서서, 죄인을 대신하여 분노를 철저히 감당함으로써 하나님의 거룩한 정의를 만족시키고, 죄인을 의인으로 만들 뿐만 아니라 죄인의 본성을 거룩한 본성으로 바꿔 거룩한 열매를 맺도록 만들어주는 중보자가 인류에게 필요했다. 사람의 자리에 서기 위해 사람의 본성을 가져야 했고, 죄인을 대신하기 위해 무죄한 사람이어야 했고, 영원한 진노를 감당하고 완전한 정의를 영원토록 만족시키기 위해서는 하나님이어야 했다. 그래서 하나님이 사람의 본성을 취해 그리스도가 되셨다.

나사렛 예수가 하나님의 아들 그리스도, 우리의 구원자라는 사실은 정말이지 하나님의 놀라운 지혜이며 신비이다. 이 신비를 믿고 깨닫고 앎으로써, 죄와 고통의 문제를 해결 받은 복된 사람들이 기독교인들이다.

구세주는 누구의 어떤 공력으로 태어나야할까?
24 잉태론에 대해

불교는 동정녀가 성령에 의해 잉태하여 예수를 낳았다는 것을 납득하지 **못한다.**

기독교는 예수의 동정녀 탄생은 신의 능력에 의한 것이며 따라서 신비라고 **답한다.**

예수 그리스도는 하나님 자신의 능력으로 태어나신, 완전한 하나님이신 동시에 완전한 사람이시다.

불자는 "성령으로 사람이 임신했다는 사실도 믿어지지 않지만 전지전능한 신이 겨우 자신이 창조한 한 여인을 범하여 아들을 낳으려 했다는데 동조할 수 없다……남의 아내를 범하지 말라고 계명을 내린 신 스스로 남의 아내를 가로채 임신을 시켰다는 일 자체가 횡포이며 반윤리적"이라고 말한다(110). 신성(神性)의 신비를 이렇게 이해한다면, 아무래도 불국토의 곳곳마다 화장실을 마련해둬야 할 것 같다. 불자의 오해는 창조주 하나님을, 각종 신화에 등장하는 신들과 혼동한 탓이다. 영원하고 완전하며 영(靈)이신 창조주는 당연하게도, 더러운 색욕을 가졌을 리가 없고 여자를 탐할 까닭이 없다. 창조주 하나님은 흙을 빚어 사람을 만들고 코에 생기를 불어넣어 생령이 되게 한 전능자인데 어찌 남의 여자를 탐하랴.

사람을 하나 더 만들기 위해, 아들을 낳기 위해 여자와 성관계를 해야만 하고, 여자가 없어서 남의 아내를 빼앗아야 한다면 그는 치졸하고 음험하며 흉악한 못난 남자일 뿐이다. 숫처녀가 성령에 의해 잉태하고 아이를 낳았다는 진술은, 하나님이 창조의 능력을 발휘하여 마리아의 태속에 완전한 사람이 잉태되도록 하셨고, 성령은 그 태아가 생성되는 순간부터 세상에 태어날 때까지 전혀 죄에 물들지 않도록 하고 완전한 거룩이 충만토록 하였다는 뜻으로 받아들여야 한다. 무(無)에서 만물을 창조한 전능자가 이렇게 못할까?

불교는 붓다와 예수 그리스도의 출생을 다음과 같이 비교한다.

> 부처님은 신의 섭리나 능력에 의존하지 않고 스스로의 뜻과 능력에 의존한다. 따라서 부처님이 세상에 태어나는 데에도 신의 역할이나 간섭은 필요 없다. 순전히 스스로 과거로부터 닦아온 수행의 힘으로 마음대로 태어난다(110-111).

불자의 이 문장에 몰이해가 엿보인다. 위 문장에서 예수 그리스도에 대해 암시된 내용에서 핵심은 (첫째,) 예수는 스스로 태어날 능력이 없어서 성령의 능력에 의존했으며 (둘째,) 예수는 자신의 뜻에 따라 태어나지 못했다는 것이다. 기독교는 예수의 잉태와 탄생에 관련해서는 예수는 본래 하나님이시라는 사실을 전제하고 생각해야 한다고, 따라서 다음과 같이 이해해야 한다고 답한다.

첫째, 아들 하나님은 누구의 간섭과 도움을 필요로 하지 않으신다.

둘째, 아들 하나님은 전능하시고 스스로 뜻을 정할 수 있으시다.

셋째, 삼위일체적 경륜과 조화를 위해 아들 하나님은 자발적으로 자신을 낮추기로 한다.

넷째, 아들 하나님은 성령 하나님의 능력과 사역을 받아들인다.

그렇다. 무능과 간섭은 신성을 가진 존재에게는 전적으로 부적절한 개념이다. 완전한 조화와 협력이라는 관점에서 예수의 동정녀 잉태 사건을 바라보아야 한다. 기독교는 처음부터 끝까지, 신자에게 이뤄지는 모든 것과 행하는 모든 것에서 철저하게 삼위일체적이다.

불자는 〈불본행집경〉과 〈수행본기경〉[5]에 의거해서 붓다가 "하늘로부터 내려와 인간의 태중에 들어간다. 경전에서는 부처님이 이 세상에 오게 된 것은 아승지겁 동안 스스로 닦은 선행의 결과"라고 말한다(111). 그러나 고타마 싯다르타는 자신이 하늘로부터 내려와 인간의 태중에 들어갔다고 주장한 적이 있는가? 예수 그리스도는 자신이 하나님의 아들이며 하늘과 땅의 권세를 갖고 있으며 하늘에 계신 아버지의 뜻을 이루기 위해 왔다고 스스로 증거하고 제자들은 그 사실을 확인했다.

붓다가 "고귀한 심성과 복덕"을 지닌 부모를 골라, "매우 고귀한 신분과 청정한 성품을 소유한 부모를 골라" 태어났다는 것은 불교의 자랑이다(111). 하지만 이것은 결코 자랑할 바가 못 된다. 5백 회가 넘는 전생을 거치면서 수행을 했다던 붓다도 결국 타인의 "고귀한 심성과 복덕"을 의존해야 했고, "매우 고귀한 신분과

---

[5] 〈불본행집경〉이나 〈수행본기경〉은 모두 후대에 편찬된 설화집이다. 〈불본행집경〉은 가장 오래된 것이 A.D. 6세기 말의 즈나나굽타의 한역본(漢譯本)이다. 〈수행본기경〉은 A.D. 2세기말 축대력(竺大力)이 한역했다. 이 두 설화집은 '산스크리트어' 본을 한역했다고 하지만 붓다에 대한 대표적인 전기인 B.C. 3세기에 편찬된 〈본생담〉은 팔리어로 기록된 것을 감안하면 기록의 사실성과 신뢰성은 너무 떨어진다. 물론 〈본생담〉 역시 역사적 신뢰성은 많이 부족한 것 같다.

청정한 성품"을 지닌 부모를 골라야 했다는 뜻이기 때문이다. 고마타 붓다의 내면에 능력 부족에 대한 두려움, 부귀영화가 주는 편익과 집착이 남아있다는 반증에 다름 아니다.

붓다가 자신이 태어날 시기와 장소 그리고 부모를 선택할 수 있었다면 훨씬 더 강력한 마가다 왕조의 빔비사라(전륜성왕)를 혹은, 저 위대한 아쇼카 왕을 아버지로 선택하지 않았던가? 어째서 어머니 마야 왕비가 자신을 낳은 지 불과 일주일 만에 죽게 내버려 두었는가? 어째서 불가촉천민 중에서도 가장 천박하고 무식한 이들을 부모로 선택해서 태어나지 않았던가? 고통과 번뇌의 근원을 해결해주지 않고 끊으라, 버리라고 가르치는가?

하나님은 로마에게 정복된 나라의, 가장 가난하고 무지한 동네의, 가난하고 무지한 목수의 아들 예수가 되기로 선택하셨다. 나사렛 사람, 가난한 목수 요셉의 아들이 된다는 것은 하찮고 경멸받아 마땅한 신분을 취한다는 의미였다. 부모로부터도 세상으로부터도 일체 도움을 받지 않기로 선택하셨다. 오로지 자기 안에 있는 충만한 능력으로 하나님의 아들 그리스도이심을 증명하고, 하늘에 계신 아버지의 뜻과 약속을 완전히 성취하기로 작정하셨다.

나사렛 예수는 눈먼 자, 병든 자, 저는 자의 친구가 되셨다. 자신의 안락을 위해 이적의 능력을 발휘한 적이 없다. 자신은 굶주

렸어도 기적을 일으켜 많은 사람을 먹이셨다. 뭇 사람들에게서 손가락질 당하는 사람의 진실한 친구가 되어, 함께 손가락질을 받으셨고 상처 받은 마음들을 치유해주셨다. 우리의 질고를 대신 짊어지셨고, 우리와 함께 고단하고 괴로운 길을 걸어가셨고, 우리를 대신하여 상처를 입으셨다.

 붓다가 손가락을 들어 아득히 멀리에 있는 구원의 문을 가리켰지만 예수는 구원을 성취하여 우리에게 선물로 주신다. 붓다는 고귀한 혈통을 선호했다. 하지만 가난한 목수의 아들로 태어난 예수는 미천하고 소외된 죄인들을 거룩하고 존귀한 혈통으로 세운다.

구세주는
어떤 모습과 현상으로 세상에 왔어야할까?
25 탄생론에 대해

불교는 예수 탄생 당시의 비극적인 사건들에 대해 의문을 갖는다.

기독교는 세상의 악함과 죄악상을 깨달아야 한다고 답한다.

가장 낮고 가장 약하고 가장 비참하고 가장 무능력한 사람들조차 구원하기에 적합한 모습으로, 지극히 낮은 곳에 임하셨다.

사람들은 예수가 태어났을 때 통치자 헤롯이 벌인 살육사건에 대해 불편한 심기를 표시하기도 한다. 다음과 같이 의문을 제기하기도 한다.

> 예수가 이 땅에 온 이유는 인간의 사랑과 평화, 구원을 위해서라고 강조한다.……인간을 구원하기 위해서라는 예수의 탄생과 관련된 여러 가지 사건들 속에는 사랑과 평화보다는 오히려 끔찍한 살육과 복수극이 펼쳐지고 있다.……수많은 무고한 생명들이 희생됐다는 점이다……예수는 신 그 자체이기도 하고 신의 아들이기도 하다. 그런데 이와 같은 신이 무엇 때문에 한 인간을 두려워했을까? 인간을 구원하러 오는 사랑과 평화의 신이 어째서 하고 많은 방법을 제쳐두고 이런 무모한 모습을 통해 세상에 나타난 걸까?(114-115)

이에 대조적으로, 불교는 고타마 붓다의 탄생설화를 자부심을 갖는다.

> 부처님은 이 세상에 태어날 때 그 어떤 존재에게도 고통을 주지 않았다. 오히려 부처님이 출현할 때에는 모든 존재가 고통을 쉬고 기쁨과 평온에 머무르게 된다고 말한다. 《불종성경(佛種姓經)》을 보면 부처님의 어머니인 마야 부인이 부처님을 잉태했을 때 얼마나 그 얼굴이 안락하고 청정했는지 병든 사람이 보면 건강을 되찾고 미친 사람이 보면 본마음을 회복하였다고 한다.……어머니 자궁을 빠져나올 때도 마치 삼베 주머니에서 물이 빠져 나오듯 아무런 고통을 주지 않고 나왔다고 하며……세상이 얼마나 기쁨에 차 있었는지 일만 세계가 축복으로 진동을 하고 지옥세계의 중생들이 잠시 고통으로부터 해방되었다(115).

두 인용문을 비교하다보면, 불자의 말처럼 "기독교의 신이 인간처럼 왔다면 불교의 부처님은 신처럼 왔다는 느낌이 든다……신의 아들이며 구세주라면 적어도 부처님처럼 탄생해야 하지 않을까"라는 의문이 들기도 한다(116). 왜 그럴까? 어렸을 때부터 위인들은 남다른 배경과 신묘한 후광을 가졌다는 전설을 들은 탓이다. 전설을 빼닮은 이야기가 사실일까? 흠 잡힐 만한 이야기가 사실일까?

먼저, 세상의 실체를 깨달아야 한다. 이 세상은 아름다운 낙원이 아니다. 세상살이는 동화 속 이야기가 아니다. 악이 횡행하고 폭력이 난무하며 질고와 참상이 가득하다. 죽음과 고통에 몸부림치지 않는 사람이 없다. 모두가 행복을 갈망하지만 어떤 누구도 진정 행복하지 않은 세상이다. 부와 명예와 권력의 정점에 가까이 다가간 사람일수록 무슨 수를 써서라도 자기 손아귀에 있는 것을 놓치지 않으려고 한다. 이 실상에 눈을 감고 외면한다고 세상이 바뀌지 않고 인생도 바뀌지 않는다.

흉포한 탐관오리들과 포악한 독재자들은 백성들의 구원자가 태어날 때 쌍수를 들고 환영할까? 사악한 권력가를 탄핵하고 그 백성들을 해방시키고 평화롭고 자유로운 삶을 보장할 운명을 지닌 아기가 태어날 때 그 권력가는 자기 혈통에게 물려줄 통치권을 그 아기에게 순순히 양도하고 권좌에서 물러날까? 위선자의 사악함이 들춰지고 속된 권력의 추악함이 탄핵받고 왕좌가 흔들릴 위기가 도래하자 반역자는 참혹한 살육을 벌였다. 그 책임, 그 죄과는 누구에게 있는가? 누가 악업을 쌓은 것인가?

살육을 당한 남자 아기들은 누구의 죄로 죽었느냐는 질문에, 그 아기들이 전생에 쌓은 악업 때문에, 응벌을 당해 죽었다는 식의 설명은 허망한 궤변이다. 마찬가지로, 아기 예수에게 살육의 책임이 있다는 것도 황당무계한 주장이다. 탐욕에 눈멀어 수많은 아기들을 무참히 학살한 헤롯 왕 때문에 인류의 영원한 왕은 자기 나라에 강림하지 말아야 하는가? 만일 예수가 태어나지 않았더라면 유대의 아기들은 죽지 않았을 것이고 오랫동안 평화롭고 안락하게 그래서 행복하게 살았을 것이 틀림없었을 테니 이 아기들을 포함한 모든 인류는 영원히 지옥에 던져져야할 운명을 영원히 간직하고 있어야 했는가? 틀린 논리를 버려야 진리를 파악할 수 있다.

고타마 싯다르타가 인도의 고질적인 신분제도에서 상층부 군주계급에 속하는 숫도다나 왕과 마야 왕비의 아들로 태어난 것은 결코 자랑거리가 아니다. 아주 오래 전에 이 지역을 정복하고 선주민들을 가혹하게 노예로 부린 정복자들의 후손이라는 뜻에 불과할 수도 있다. 고타마 싯다르타는 해탈했다지만 모국(母國) 카필라가 멸망당하고 주민들이 학살당하는 참상을 막지 못했다. 붓다가 구원자라면 어째서 이 비극적인 사건을 막지 않았는가? 비참한 죽음을 당한 카필라 주민들은 전생의 악업 때문에 비참하게 죽어 마땅하니 붓다는 그대로 내버려두었다는 식의 답변은 말도 안 된다. 붓다는 모국의 이 비극적인 최후에 심적 고통을 겪었을까? 속세와 인연을 끊었으니 무심, 무념, 무상이었을까?

예수는 고통 받는 이들의 고통을 직접 몸으로 느꼈다. 가난한 자들의 가난을 그대로 겪었다. 굶주림과 목마름을 겪었고, 억울함과 비통함을 알았고, 채찍에 맞아 살이 터지는 고통을 감당했다. 얼굴에 침 뱉음을 당하고 따귀를 맞았으며 가시들이 이마의 살갗을 뚫는 아픔을 당했고 손발에 굵은 못이 박혔고 창에 찔렸다. 우리가 처박힌 비참한 구렁텅이에 내려와 우리의 고통을 기꺼이 감수하셨다. 전적으로 우리를 위해서, 죽음뿐만 아니라 온갖 절망과 고통에 사로잡힌 우리를 구원하기 위해서, 그렇게 하셨다.

사도 바울은 신자들에게 예수 그리스도와 동일한 정신으로 이웃에게 행하라는 뜻으로, "우는 자들과 함께 울라"라고 당부한다(로마서 12:15). 사도 요한은 "우리도 형제들을 위하여 목숨을 버리는 것이 마땅하니라"라고 선언한다(요한일서 3:16). 죽음에서 구원받았으니 이제 죽음에서 멀리 도망치라고 말하지 않는다. 죽음을 이겼으니 이제는 죽음을 두려워할 필요가 조금도 없다고 말한다. 이것이 진짜 구원이다.

붓다가 정말 구원자인가? 바다 저 건너편에서 우리가 무사히 건너기를 기다리는 방관자일 뿐이다. 광풍에 배가 뒤집어져 물에 빠져죽거나 탈진해서 죽는 이들을 향해, 그대들이 쌓은 공덕이 모자라서 그런 것이니 내생에 공덕을 충분히 쌓아 다시 도전하라고 무심히 말할 뿐이다. 반면에, 예수는 광풍이 몰아치고 물결이 흉흉한 바다 위를 걸어 제자들에게 다가가신다. 믿음이 부족하여 물에 빠져 죽게 된 제자의 손을 붙잡아 끌어올려주신다. 믿음이 부족한 제자들의 손을 잡고 물 위를 함께 걸으신다. 바다를 꾸짖어 잠잠케 하신다. 주릴 때 먹이시고 목마를 때 마실 것을 주신다. 지칠 때 위로와 쉼을 주신다. 한순간도 외면하지 않으시고, 항상 함께 하신다. 무릎이 연약해질 때 굳세게 붙잡아주신다. 하늘 아버지께서 맡기신 사람을 하나도 잃어버리지 않고 아버지께로 인도하시는 능력자요 구원자이시다.

참된 구세주라면
세상에서 배우고 깨달을 필요가 있을까?
26 성장론에 대해

불교는 예수는 세상 학문에 무지한 목수의 아들이라고 **말한다.**

기독교는 하나님의 아들은 세상 학문에 구애받을 필요가 없다고 **답한다.**

참된 구원은 세상 즉, 죄악과 어둠의 권세로부터의 분리, 돌이킴, 해방인 동시에 하나님과 하나님 나라에 속하는 것이다. 참된 구원은 세상에 속한 것을 더 좋게 바꾸는 것이 아니다. 그러므로 세상에 속한 어떤 것을 필요로 하지 않는다.

불교는 고타마 싯다르타는 예수와는 달리 왕자로 태어나 최상의 교육을 받았다고 자랑한다.

> 부처는 평민 출신인 예수와 달리 귀족 출신으로 주위환경도 매우 화려했다. 왕자로서 모든 권세와 풍요를 누렸고 출중한 용모를 갖췄음은 물론 지혜로웠다. 일곱 살 때부터 온갖 학문과 기예를 연마했으며 철학과 문학, 의학은 물론 온갖 무술과 무예, 병법, 그리고 음악, 미술, 짐승 길들이는 법, 조각하는 법, 심지어 염색하는 법 등 다방면에 걸쳐 수학했다(118).

게다가 불자는 붓다에 대해 다음과 같이 자랑한다.

> ≪불본행집경≫에 따르면 부처님은 아버지 숫도다나 왕을 따라 농경제에 참석했다. 여기에서 부처님은 농민들이 생존을 위해 일하는 모습과 가축들의 고통어린 모습, 새들이 서로 다투며 벌레를 잡아먹는 광경을 본다. 이 모습을 목격한 부처님은……일행들을 떠나 멀리 떨어진 나무 밑에 앉아 종일 명상을 했다.……"왜 모든 생명들은 태어나고 죽는 것이며 이로부터 벗어나는 길은 없는가?"였다(118-119).

이 자랑거리에 비춰, 나사렛 예수의 미천한 출신과 환경을 세 가지로 지적했다. 하지만 굳이 열거하지 않아도 어떤 점을 지적했을지는 위의 두 인용문에서 충분히 알 수 있다. 이에 대해 기독교의 간결한 답변은 다음과 같다.

첫째, 악에 물든 세상을 구원하는 데에는 세상에 속한 어떤 것도 필요치 않다. 예수 그리스도는 세상의 죄인들에게 세상에서 가장 좋은 것을 주기 위해서가 아니라 하늘에 속한 본성과 하늘의 능력을 주고 하늘에 속한 열매를 맺게 하고 최종적으로 하늘로 데려가기 위해 오신 구세주다. 당연하게도 세상과 세상에 속한 것은 필요치 않다.

둘째, 고타마 싯다르타는 카필라 성을 물려받고 왕 노릇하는 데 필요한 각종 학문과 무예를 배우고 익혔다. 하지만 붓다는 이 모든 것을 '버리고' 출가했다. 어차피 출가할 운명을 작정하고 태어났다면 부질없이 배운 셈이고, 어차피 출가할 것을 알았다면 결혼하여 아들을 얻은 것 역시 부질없고 무책임한 행위였다. 예수 그리스도는 부질없는 것을 배우고 익히느라 시간과 정력을 허비한 적이 없으시다.

셋째, 위의 두 번째 인용문을 보면, 붓다는 아버지를 따라 농경제에 참석하여 사람들의 고통을 목격하기 전까지는 인생의 고통과 비참을 전혀 알지 못했다. 인류 구원에 대해서는 생각조차 못했을 것이 틀림없다. 구원의 방법에 대해서는 더 말할 나위가 없다.

이는 예수가 그리스도 즉, 구원자로 세상에 오셨다면 붓다는 구원자로 온 것이 아니라는 증거다. 붓다는 자신의 백성들이 겪는 삶의 고통을 어떻게 구원해줄까, 조금이라도 경감해주는 방법이 없는지에 대해 고민하지 않았다. 자신에게 닥칠 생멸의 고통을 고통스러워했을 뿐이다.

하나님은 피조물이 허무한데 굴복하고 썩어짐의 종노릇한다는 것을 처음부터 아셨다. 죄악에 찌든 피조물의 고단한 인생행로를 아셨기에, 뜨거운 햇볕을 구름기둥으로 막아주셨고 불기둥으로 밤의 한기를 막아주셨다. 우리의 약함을 몸소 겪어 아셨기에 우리의 약함을 실질적으로 도우신다. 우리의 약함을 직접 겪었지만 죄를 지은 적이 없으시기에, 우리를 죄짓지 않는 길로 인도하실 수 있다. 우리가 죄인이었을 때 우리를 대신하여 죽으신 분이기에, 언제든 우리를 용서하시고 자신의 모든 풍성함을 우리에게 기꺼이 주신다.

불교는 석가모니가 세상에서 누린 기회와 능력에 대해 다음과 같이 말한다.

> 만약 부처님이 왕족을 택하여 오지 않았다면 자신의 뜻을 펼치기가 곤란했을 것이다. 신분이 왕자였기 때문에 수많은 왕들과 귀족들이 귀의를 했고 이로 인해 교단의 유지와 발전이 가능했다. 또한 부처님은 신이 아니므로 세상에 대해 배워야 했다. 배움을 통해 세상을 알아간다고 보았기 때문이다. 끝으로 부처님의 관심사는 생명들이었다. 오로지 생명들 속에 모든 문제와 그에 대한 답이 있다고 보았기 때문이다(119-120).

이 글에 대해 필자는 다음과 같이 소감을 밝힌다.

첫째, 붓다의 깨달음은 감화력이 부족하다. 출가수행 전의 신분 때문에 왕들과 귀족들이 귀의했고 교단을 세우고 유지하고 발전시켰다면 실질적으로는 깨달음과 가르침에 능력이 없었다는 뜻이다.

둘째, 붓다가 신이 아니기에 세상을 배워야 했다면 붓다는 갠지즈 강 유역의 마가다 왕국 밖에 몰랐다. 스리랑카, 타클라마칸, 수나라와 당나라, 신라도 고구려도 오늘날의 한국도 모른다.

셋째, 붓다는 자신이 목격한 생명들의 문제에 치중했다. 눈에 보이지 않는 영혼의 문제, 자아의 문제, 우주의 근원과 악과 질고의 근원에 대해서는 모른다.

붓다는 신이 아니었다. 붓다는 신이 되려고 하지도 않았다. 붓다는 눈을 들어 우주를 관통하는 진리를 직시하고 그 진리를 깨닫고자 했던 것이 아니다. 세상으로부터 자기 안으로 눈을 돌려 자신의 안팎을 드나드는 '아트만'이라는 것을 깨닫고자 했다. 결국 무아(無我)를 말했다.

붓다는 구원의 길을 발견했고, 구원으로 들어가는 문을 열었는가? 불교가 말하는 '무아'가 그것인가? 아니다. 붓다의 가르침은 세상을 구하는 '복음'이 아니라 힌두교 철학체계를 바꾸려했을 뿐이다. 붓다의 가르침은 갠지즈 강 중류일대에 머물다가 사라졌다. 아쇼카 왕을 통해 사방으로 전파되었으나 거의 대부분 사라졌다. 쿠샨 왕조를 통해 중앙아시아에 융성했으나 이미 근본불교가 아니었다. 삼장법사가 불경을 구하러 인도에 왔으나 이미 힌두교에 동화된 불교를 만났고, 그마저도 이슬람 앞에 무너지고 있는 현장을 목격했다. 붓다는 구원자가 아니었다.

    예수 그리스도는 하나님이시다. 하나님이 아니신 적이 없다. 그래서 하늘과 땅, 바람과 물결이 예수께 순종했다. 귀신도 알고 떨었다. 예수는 본래 하나님이시기 때문에, 인류의 악과 고통이 어디에서 비롯되었는지를 처음부터 아셨다. 배워서 안 것도 깨우쳐서 알게 된 것도 아니었다. 영원 속에서 무한한 영광 중에 계실 때부터 충분히 완벽하게 아셨다. 인류를 구원할 수 있는 열쇠는 '태초'를 뛰어넘는 영원 속에 있는 것도 아셨다. 하나님의 아들 예수 그리스도는 그 구원의 열쇠를 우리에게 가져오셨다. 구원의 문을 여셨고, 구원의 길을 펼치셨다. 예수는 하나님의 아들 그리스도이시며 우리의 구원자이시다.

스스로 전능자가 되어야 할까?
전능자의 도움을 받아야 할까?
27 구원론에 대해

불교는 사람은 오로지 자신의 업으로 구원받는다고 **말한다.**

기독교는 오로지 전능자의 은혜와 자비로만 구원을 받는다고 **답한다.**

인간을 구원하기 위해서는 전능자의 무한한 능력과 완전한 지혜가 필요하다. 하지만 인간은 완벽하게 무능하다. 따라서 전능자의 도움 없이는 구원이 없다.

불자는 기독교의 구원을 다음과 같이 파악한다.

> 구원이란 죄지은 인간이 하나님으로부터 용서를 받는 것이다. 즉, 인간이 하나님으로부터 용서를 받으면 거듭나게 되고, 거듭나게 되면 의로운 자가 된다. 의로운 자가 되면 죽음으로부터 벗어나 영생을 얻게 된다는 것이 이른바 기독교에서 말하는 구원이다……기독교에서는 절대로 인간이 인간을 구원하기 위해 할 수 있는 일이 없다고 본다. 그저 인간이 할 수 있는 일은 하나님인 예수를 영접하고 그 앞에 회개를 하는 것밖에 없다(121-122).

이 요약에서 첫 번째 문장 즉, 구원을 '하나님으로부터 용서를 받는 것'이라는 정의는 개략적으로 옳다. 마지막에 붙인 "그저 인간이 할 수 있는 일은……예수를 영접하고 그 앞에 회개를 한 것밖에 없다"라는 문장도 개략적으로 옳은 말이다. 그런데 개략적으로 옳은 이 두 문장을 하나의 문맥에 넣어서 기독교의 구원을 파악하고 규정하는 것은 문제가 없을까? 이 두 문장을 서로 다른 문맥에서, 별도로 사용하는 경우라면 모르겠지만 이처럼 단일한 문맥에서 사용하여, 기독교 구원을 구체적으로 혹은 엄밀하게 설명해도 괜찮을까?

'죄용서,' '영접,' '회개'와 같은 기독교 용어들을 폭넓고 개괄적으로 사용해도 좋고, 서로 다른 문맥에서, 별도로 사용해도 좋다. 하지만 이처럼 단일한 문맥에서 구원을 구체적으로 설명하려는 경우에는 위험한 오해를 초래할 수 있다. 기독교의 구원을 올바르게 파악하기 위해서는 적어도 다음과 같은 질문을 가했어야 한다.

첫째, 죄를 용서받기 위한 조건은 무엇이며, 그 조건은 어떻게 마련되는가?

둘째, 거듭남(重生)은 '다시 태어난다'는 말이고 생명이 있기 때문에 태어난 것인데 어째서 거듭났을 바로 그 때에 새로운 생명이 없고, 두 단계가 더 지난 뒤에서야 생명(영생)을 얻는가?

셋째, 예수를 영접하고 회개하는 것인가? 아니면, 회개하고 (예수를) 영접하는 것인가? 어떤 순서가 맞는가?

넷째, 생명을 얻는 것이 최종목적인가? 아니면, 새로운 삶의 시작인가?

이 네 가지 질문을 먼저 고찰하지 않고 개략적인 몇몇 개념에 의지하면 불충분한 결론에 도달하기 십상이다. 게다가 기독교를 불교에 대조시켜서, "인간이 인간을 위해 할 수 있는 일이 없다"라고 말할 때 여기에서 두 번 사용된 "인간"이라는 단어 역시 각각 어떤 의미인지를 마찬가지로 신중하게 고찰하지 않으면 안 된다.

일테면, '**사람**은 자기 **자신**을 위해 할 수 있는 일이 (하나님의 아들 예수 그리스도를 구세주로 영접하는 것 이외에는) 없다'라는 뜻일 수 있다. 이 뜻이라면 불자는 기독교 구원론의 중요한 한 측면을 올바르게 진술한 문장이다. 혹은, '**사람**은 **타인**을 위해 할 수 있는 일이 (하나님의 아들 예수 그리스도를 구세주로 영접하라고 권하고 기도하고 성경말씀을 전하는 것 이외에는) 없다'라는 뜻일 수도 있다. 역시 이 뜻이라면 이 또한 기독교 구원론의 중요한 또 하나의 측면을 올바르게 표현한 말이다.

아들 하나님은 완전한 인성(人性)을 취해 사람으로 오셨다. 그러므로 우리가 구원받을 조건을 성취하고 완성한 그리스도는 나사렛 사람이며 목수의 아들인 예수이시다. 그러므로 나사렛 사람 예수는 사람을 구원하는 데 필요한 모든 공로를 성취하셨다는 명제가 성립된다. 따라서 위 인용문은 틀렸다.

불자는 불교의 구원론에 해당하는 제도(濟度)를 설명하면서 다음과 같이 말한다.

> '제도'(濟度)는 자신과 남을 온갖 고통으로부터 건져내는 것을 뜻한다.……인간은 각자의 업에 따라 세상에 태어나고 스스로 지니고 있는 무지로 인해 죄를 짓는다고 본다. 그렇기 때문에 신에 의해서 죄가 씻기거나 구원을 받게 된다고 하는 기독교와 달리 불교는 철저히 인간을 구원의 주체로 삼는다. 인간만이 인간을 고통으로부터 건져낼 수 있고 자신만이 자신의 죄를 씻어낼 수 있다고 보는 것이 불교의 구원관이다(122-23).

붓다가 열반에 들기 전에 마지막으로 제자들에게 설법한,〈유교경(遺敎經)〉이라는 경전에 수록된 "자신을 등불로 삼고 남을 등불로 삼지 말라"는 말을 인용하면서 붓다의 이 말은 "구원이 결코 신이나 절대자로부터 이루어지는 것이 아니라는 점을 증명하고 있는 것"이라고 보충설명하고, "인간은 고통과 죄를 만들어내는 주체이며 동시에 영생과 구원을 만들어내는 주인이기도 하다"라고 압축 정리한다(123).

불교의 구원론을 정리해준 위의 인용문에서 우리는 다음과 같은 점을 확인할 수 있다.

첫째, "자신만이 자신의 죄를 씻어낼 수 있다고 보는 것이 불교의 구원관"이라면 "자신과 남을 온갖 고통으로부터 건져내는 것"이라는 정의와는 상충한다.

둘째, 자신의 구원은 철저하게 자기 혼자 성취해야 한다.

셋째, 아무것도 모르고 행한 것도 죄가 되는데, 죄의 기준이 없고 그것이 죄인지 당사자도 모르고, 죄의 결과로 어떤 운명을 초래할지도 모른다.

인간이 자신만의 공력으로 자신을 구원하려면 자신이 느끼는 고통만이 문제가 아니라 고통을 야기한 모든 원인과 파급된 모든 영향을 모조리 찾아내고 철저히 바로잡아야 한다. '나비효과'라는 말이 있다. 북경에서 나비가 날갯짓을 하면 미국에 태풍이 분다는 식이다. 태풍으로 수많은 집이 부서지고 많은 사람이 죽기도 하고 다치기도 했을 때 그 책임을 나비가 혼자 힘으로 감당해야 한다. 그런데 나비는 자기의 날갯짓이 무슨 죄인지를 알까? 나비가 어떻게 알고 어떻게 책임져야 할까? 그런데 '나비효과'에 따르면, 미래에 미치는 결과를 예측하려면 초기 조건을 완벽하게 파악해야 하며, 시간이 길어질수록 예측은 불가능해진다. 나비는 날개짓을 한 번 하는 바로 그 순간에 자신의 행위 때문에 대단히 멀리 떨어진 나라에서 어떤 피해가 발생할 것을 정확히 예측하고 그 피해를 복구해야 하도록 해야 한다. 나비는 전능해야 한다.

자신의 날개짓이 태풍을 일으켜 엄청난 피해를 입힐 것을 깨닫는 나비에게 구원은 자기 의지의 문제라고 조언하는 것이 '불교'다. 불교는 '인연'과 '번뇌'를 끊으라고 가르친다. 전능자의 손길을 뿌리치고 스스로 전지전능한 신이 되라고 가르친다. 공력을 무한히 쌓으면 언젠가는 구원받을 것이라고 말한다. 기독교는 하나님의 용서와 구원을 선물로 준다.

번뇌가 없어지는 것이 구원일까?
28 구원방법론에 대해

불교는 기독교의 구원은 번뇌가 남아있는 미완성의 구원이라고 비판한다.

기독교는 번뇌는 살아있다는 증거일 뿐이라고 답한다.

번뇌가 없어지는 것이 구원이 아니다. 그러나 참된 구원이 완성되면, 그래서 하늘나라에 들어가면 번뇌가 없어진다.

불자는 구원의 '방법론'을 다루겠다는 취지의 장에서, 기독교적 '구원'의 여러 측면을 다룬다. 기독교의 구원이란 죄에 속박된 상태에 있던 사람이 구원상태로 바뀌는 것인데, 이 변화에 관련한 내용을 불자는 개념적으로 혹은 논리적으로, "소명, 중생, 회개, 믿음, 칭의, 성화, 견인, 영화"로 구별해서 다룬다(127). 이는 기독교 조직신학에서 구원론을 다루는 일반적인 순서다. 하지만 그 서술에서 개념을 바로잡아야 할 부분들이 있다. 이를 테면 다음과 같은 것들이다.

1. 소명

> "소명"이란 신이 자신의 말씀인 복음을 통해 구원받을 인간들을 부르는 것을 의미한다……신의 이러한 부름은 만인에게 적용되는 것처럼 보이지만 실질적으로 신이 이미 택한 자들에게만 적용된다. 단순히 교회에 나간다고 아무나 구원받는 것이 아니라 신의 부름에 한정된 자들만 구원의 대열에 들게 된다는 것이다(127-28).

기독교의 '소명'은 예수 그리스도의 구속과 복음을 선포하고 구세주를 믿으라고 초청하는 것인데, 죄용서와 구원의 약속이 포함되어 있다. 소명은 설교와 전도(전교)와 대화 등을 통해, 그리고 자연과 사물을 통해 모든 사람에게, 무차별적으로, 구원받기 위해 주 예수 앞으로 나오라고 불러내는 것이다. 그러므로 사람은 부름에 응하면 된다.

그러나 성령이 인간의 내면에서 유효적인 결과를 야기하도록 활동할 때 구원은 틀림없이 성취된다. 성령 하나님의 이 부르심을 내적 소명 혹은 유효적 소명이라고 하는데 성령이 유효적 소명을 언제, 누구에게 줄 것인지는 아무도 모른다. 무한히 공평하고 자비로운 하나님의 직무이다. 단지 교회에 출석하기만 하면 구원받지 않는다는 것은 단지 사찰에 출입하기만 하면 해탈하여 열반에 들지 못하는 것과 매한가지다.

2. 중생

> "중생"이란 죄로 죽었던 인간이 다시 새로운 생명을 얻어 거듭나게 된 것을 말한다.……이는 신의 독단적이고 주권적인 행위로 신이 인간에게 내리는 전적인 은혜……중생은 타락한 영혼을 근원적으로 변화시킴으로써 인간의 모든 성향을 새롭게 만들어준다(128).

무척 세심하게 사용해야할 용어가 바로 이 '중생'이라는 용어다. '중생'이란 용어를, 인격의 실질적 변화라는 측면을 포함해서 사용하면 '구원'과 엇비슷한 뜻이 된다. 이것은 폭넓게 정의된 '중생'이다. 그러나 엄밀하게 정의된 '중생'은 새롭고 거룩한 생명의 원리가 인간의 내면에 주입되고 심겨지는 것을 가리킨다.

이것은 마치 여성의 몸 안에 들어간 정자가 난자를 만나 수정하고 착상하는 것에 해당한다. 여기까지가 좁은 의미의 '중생'이고, 태아가 형성되고 자라나 출생하는 것까지를 포함하면 넓은 의미의 중생이라고 볼 수 있다. 영혼이 존재하고 생명활동이 발생하려면, 그래서 사람이 존재하려면, 일단 생명의 원리가 존재해야 한다.

죽은 인간은 생명활동을 전혀 하지 못한다. 생명의 원리가 없기 때문이다. 죽은 인간이 살아나기 위해서는 먼저, 생명의 원리가 죽은 사람 안에 들어가 자리를 잡아야 한다. 그러나 죽은 사람은 스스로 생명의 원리를 발생시키지 못한다. 아니, 죽은 사람은 살겠다는 의지조차 갖지 못한다. 그런데도 불교는 죽은 사람은 <u>스스로의 의지와 노력으로 살아나야 한다</u>고 가르친다.

3. 회개와 믿음

> '회개와 믿음'이란 자신의 죄를 시인하고 예수를 마음으로 깊이 받아들여 믿는 것을 의미한다.……중생이 인간의 심층적 변화라면 회개와 믿음은 인간의 표면적 변화이다. 회개와 믿음이 기초가 될 때에 중생이나 영화와 같은 과정들이 결실을 맺게 된다(128).

회개와 믿음과 같은 단어들을 이처럼 단적으로 이해하면 자

첫, 주요 개념들의 논리적 연관관계가 뒤죽박죽이 된다. 회개란 '뉘우치고 돌이킨다'라는 단어이지만 감정과 외적 행동만을 가리키지 않는다. 죄에 대한 깊은 깨우침과 인식의 전적 변화, 죄에 대한 혐오감, 죄와의 단절과 전적 돌이킴을 포함한다. 지금까지의 자신과 자신이 쌓은 모든 것에 대해 환멸을 느끼면서 완전히 버리고, 몸을 돌려 반대쪽으로 도망치는 것을 가리킨다.

위 인용문에서는 "회개하고 믿으라"라는 것을 일반적인 순서로 따른다(마가복음 1:15, 사도행전 19:4). 대체로 결단과 행동을 촉구할 때 이런 식으로 말한다. 그러나 예수를 "마음으로 깊이 받아들여 믿는 것"은 단지 역사적 사실에 대한 인정 혹은, 외적 행동에 국한시킬 수 없다. 진정한 구원을 산출하는 믿음이란 마음속에서 일어나는 전인격적인 변화이다.

결론적으로, 구원을 낳는 믿음을 회개의 행위에서 파생되는 결단으로 파악하는 것은 피상적인 이해이다. 하나님에 의해 시작되고 착상된 생명의 원리가, 하나님의 아들 예수 그리스도를 구세주로 믿어 구원에 이르는 믿음으로 발전하고, 그 결과로 회개에 이른다고 이해하는 것이 좀 더 논리적이다.

4. 구원과 해탈

불교는 해탈을 다음과 같이 설명하는데, 여기에서 구원에 대한 이해를 엿볼 수 있다.

> 단순히 죄만 없어진 상태가 아니라……인간의 행복을 방해하고 괴로움을 일으키는 모든 번뇌들이 완전히 타파되어 어디에도 속박받지 않는 상태를 가리킨다"고 규정한다.……해탈한 자는 몸과 마음을 자신으로 여기지 않으며 감각적 쾌락을 좇지 않고 어떠한 번뇌도 일으키지 않으면 내세의 과보를 초래할 업을 짓지 않는다.……기독교인들이 구원을 받았다고 해서 몸과 마음이 내가 아님을 깨닫는 것이 아니고 감각적 쾌락을 좇지 않는 것도 아니며 번뇌를 일으키지 않는 것도 아니기 때문이다. 불교는 인간의 이러한 불합리한 삶의 구조가 완전히 바뀌고 정화되는 것을 구원으로 본다(131).

불교의 해탈을 간략하게 정리하자면, 살아있으되 살아있지 않은 존재가 되는 것이며, 자아의식이 있으되 상실한 상태가 되는 것이다. 기독교의 구원은 죄인을 향한 하나님의 주권적인 사랑과 희생에서 출발하고, 하나님과 그리고 인간들과 맺는 사랑의 연합에서 완성된다(골로새서 2:2). 불교는 자아를 버리라고 한다. 기독교는 자아를 회복하고 참된 자유와 행복을 누리도록 만들어준다.

'중생' 즉, '다시 태어난다'는 것은 무엇일까?
29 중생론에 대해

불교는 기독교의 중생은
이성과 지혜가 결핍된 단편적 체험이라고 평한다.

기독교는 중생은 지혜와 생명의 근원과
통하는 것이라고 답한다.

중생이란 전능한 하나님의 자비로운 손길을 통해, 마치 신생아처럼, 새로운 생명을 가진 피조물로 다시 빚어지고, 의와 진리와 거룩함을 따르는 새로운 삶을 살게 되는 것이다.

불자는 기독교 정통신학에서 가르치는 중생 즉, 거듭남을 소개하지만 불자의 이해 속에서 다음과 같은 특징적인 진술을 발견할 수 있다.

 (첫째,) "인간의 의지와는 무관하게 성령이 역사(役事)하여" 일으킨다(133).

 (둘째,) 기독교는 "중생의 교리와 체험이 뒷받침"해서 번성한다(135).

 (셋째,) 중생체험은 삶의 의미를 깨우쳐주고 희망을 품게 하는 동력이다(136).

그리고 불자는 다음과 같이 비판한다(137-139).

(1) 기독교의 중생체험은 진리 체험이 아니다. 인간의 구조는 오온인데 오온은 자아가 아니며 오온을 소유하거나 지배하는 존재는 없기 때문이다.

(2) 기독교의 중생체험은 단편적이고 일회적이며 급작스럽다. 불교는 이성과 지혜를 갖고 자신의 존재를 하나씩 확인해 나간다.

(3) 기독교는 외적 도움과 영향력에 의존한다. 불교는 자력으로 자신을 깨달아 미망을 타파하고 죄업을 소멸시키며 고통의 근원을 뿌리 뽑는다.

(4) 기독교는 "육체와 정신을 나 또는 내 것이라고 여기는 유신

견(有身見)"과 이에 따른 욕망을 버리지 못했다. 유신견을 깨뜨려야 악업이나 죄로부터 벗어날 수 있고, 생사의 속박과 괴로움으로부터 자유로울 수 있다.

(5) 영혼의 불변성과 주재자의 존재에 대한 믿음을 버려야 미망에서 벗어날 수 있다.

이에 대한 간략한 답변을 먼저 제시하자면 다음과 같다.

첫째, 성령의 중생사역은 인간의 의지를 무시하지도 역행하지도 않는다.

둘째, 기독교의 번성은 교리와 체험 때문이 아니다. 생명과 삶의 종교이기 때문이다.

셋째, 삶의 의미를 깨우치고 소망을 품게 만드는 동력은 하나님에게서 나온다.

기독교의 중생체험을 올바르게 평하려면, 중생의 본질을 이해해야 하고, 체험의 주체와 객체 그리고 내용을 잘 분별해야 한다. '체험'이란 자기가 직접 겪어보는 것이다. 직접 먹어보고 맛을 아는 것과 같다. 그러나 여기에 치명적인 함정이 있다. 어떤 누구도 자신이 겪은 것이 무엇인지를 본질적으로 파악하지 못한다. 이미 겪어본, 그래서 데이터를 갖춰놓은 것만 알 뿐이다.

달콤하고 향긋한 것을 맛보았다고 해서 그 원료가 무엇이며 어떻게 가공된 것인지를 즉각적으로 알아차릴 수 있는 사람은 거의 없다. 달콤하고 향긋하다고 해서 모두 꿀이 아니다. 독약도 있다. 그것이 무엇인지, 그 실체는 별도의 연구분석과 지식을 통해서만 알 수 있다. 또한, 착각해서는 안 되는 것이 모든 '체험'은 피동적이라는 것이다. 사람이 자기 손을 움직여 어떤 것을 집어서 자기 혀를 내밀어 맛을 보았다고 해서 '체험'이 체험자의 능동적 행위라고 간주해서는 안 된다. 체험자는 맛보기를 원하고 적극적으로 몸을 움직이지만 어디까지나 체험을 위한 준비와 과정일 뿐이다. 맛은 주어지는 것이다. 혀의 미뢰에 감촉이 주어지는 대로, 해석될 뿐이다. 만일 생전 처음 맛보는 것이라 무슨 맛인지 모른다면, 정확한 해석 즉, 지식을 제공받아야 한다.

기독교의 중생체험은 인간 스스로 내면에서 만들어내는 것이 아니라 외부로부터 주어지는 전인격적 충격이다. 중생체험은 체험이기 때문이 아니라 체험의 내용과 본질 때문에, 피체험자에게 변혁을 일으킨다. 삶의 의미에 대한 깨우침이 문제가 아니다. 새 생명이 일으킨 변혁 그 자체를 지각하게 된다. 하늘로부터 영원히 제공되는 생명력과 축복은 삶의 미래를 영원히 바꿔놓는다.

그렇다면 기독교 '중생' 즉, 기독교인이 되는 전인격적 체험이란 어떤 것인가?

첫째, 내 손으로 처참하게 죽인 그가 다시 살아나 정면으로 나에게 마주쳐 온 것이다.

둘째, 내 손으로 죽인 그가 나를 살려주려고 자기 손으로 나를 붙잡아준 것이다.

셋째, 내 손으로 찌른 그의 심장에서 쏟아낸 피를 통해 내가 생명의 근원에 연결된 것이다.

넷째, 저 영원한 샘에서 거침없이 흘러내려오는 생명수가 나를 풍성하게 채워준 것이다.

중생이란 이처럼 내가 죽인 자를 통해 내가 '다시 삶'을 얻는 것이며 그 효력이 나의 인격 전체에 미치는 것이다. 먼저, 이뤄짐이 있고 그 다음에 앎이 있다. 이것은 신생아는 어머니와 산파에 의해 태어남을 받고 그 후에, 이 아이가 성장하여 인지가 충분히 발달한 뒤에, 자신이 태어났음을 아는 것과 동일하다.

중생이란 단지, 새롭게 태어나는 것만이 아니다. 전인격적인 탈바꿈, 신묘한 갱생이 동반된다. 안목이 열리는 것이며 생각이 트이는 것이며 앎이 진리를 감당할 수 있게 되는 것이다. 예수 그리스도가 자신의 죽음을 통해 우리를 하나님의 영광 속으로 인도하고, 우리에게 다가오시는 하나님을 '경험'하게 해줘서 경험하는 것이다. 자기 아들의 피가 묻어 있는 우리의 더럽고 추한 손을 붙잡고 자신의 위대한 일을 함께 하자는 초청을 '경험'하는 것이다. 그러한 놀라운 삶을 지속적으로 살아가는 과정이기도 하다.

기독교는 고통과 괴로움을 느끼는 내가 '나'이며 내가 실패와 고통을 겪는 것은 내가 실체이며 실재하기 때문이라고 말한다. 고통과 괴로움은 축복이다. 자살이 삶의 고통을 끊어내는 온당한 방법이 아니다. 도전을 아예 포기하는 것이 실패 없는 인생을 살 수 있는 정당한 방법이 아니다. 내가 실제로 여기에서, 무엇인가를 시도했기 때문에 실패하고 고통스러워한다. 실패와 고통을 피하기 위해, 실재하는 자기 존재를 필사적으로 부정하는, 자기부정은 진리도 지혜도 아니다. 존재론적 자살이다.

    기독교의 중생은 형편없이 망가져서 폐기해야 마땅한 인간이 조물주에게서 A/S를 받는 것이다. 중생체험이란 조물주가 다가와 완벽하게 수리해준 그래서 새롭게 된 자기 자신을 발견하는 놀라운 경험이다. 불교는 샘이 메마르기를 기다리는 종교다. 하지만 기독교는 근원에서 수맥을 타고 올라오는 생명수를 마시는 종교다.

회개는 어떻게 구원의 길이 되는가?
30 회개론에 대해

불교는 기독교의 회개를
인간의 무기력한 구원 열망이라**고 말한다.**

기독교는 회개는 단순한 열망이 아니라 돌이킴이라**고 답한다.**

참된 회개는 하나님께로 돌이키는 것이며, 하나님의 자비와 은혜 때문에 구원의 길이 된다.

불자는 불교의 참회는 기독교의 회개에 대응하는 개념이라고 본다. 불자가 불교의 참회에 대해 진술한 내용을 정리해보면 다음과 같다(142).

(1) "참회는 스스로의 어리석음과 죄업을 깊이 뉘우치고 다시는 범하지 않겠다고 다짐하는 것이다."

(2) "참회는 자신을 정화시키고 행복을 얻는 데 중요한 일"이다.

(3) "만약 사람이 모든 죄를 범하고 악을 저질렀어도 성심으로 참회하게 되면 모든 죄업이 스러져 필경에는 맑고 깨끗해진다."[6]

(4) "말세의 중생들이 부처의 지위에 들고자 하여도 쉽게 들지 못하는 까닭은 전세의 죄업 때문이니 마땅히 참회하여 이를 맑혀야 한다."[7]

(5) "참회는 인간의 문제를 모두 해결해주지 않는다. 참회는 마음을 맑히고 죄를 막는 하나의 수행"이기 때문이다.

이에 입각해서 불자는 기독교의 회개에 대해 다음과 같이 언급하고 비판한다(140-41).

---

[6] 불자는 이 문장을 〈미륵상생경〉에서 인용한다고 밝힌다. 〈미륵상생경〉은 〈미륵성불경〉〈미륵하생경〉과 더불어 미륵 신앙의 기본경전 즉, 미륵삼부경을 이룬다. 붓다 입멸 후, 56억년 뒤에 미륵이 출현해서 세 번의 설법을 통해 수백 억 명의 중생을 구한다는 미륵 신앙에 대해서는 박민현이 정토학연구 제24집(2015년 12월, pp. 9-41)에 기고한 '미륵 사상의 발생과 중심사상'(http://www.jungtohak.or.kr/research/pure24/1.pdf)이 참고할 만하다.

[7] 불자는 이 문장을 〈원각경〉에서 인용한다고 밝힌다. 〈원각경〉은 한국 불교수행에서 매우 중시되는 경전이지만 A.D. 693년 북인도의 승려 불타다라(佛陀多羅)의 한역본(漢譯本)이 근간이다. 산스크리트어 본이 없어 중국에서 만든 위경(僞經)이라는 설이 지배적이다. 자세한 것은 http://100.daum.net/encyclopedia/view/14XXE0040574에서 확인할 수 있다.

(첫째,) "기독교에서는 사람이 태어나면서부터 이미 조상의 죄를 잉태했기 때문에 누구라도 완전하고 선할 수 없다고 한다."
(둘째,) 회개와 구원은 상관이 없다. 구원은 전적으로 신의 의지에 달렸다.
(셋째,) 회개했다고 해서 "신에게 득이 되는 것이 아무것도 없으므로 회개했다고 구원을 받는 것은 아니"다.

이것은 기독교의 회개를 "인간의 회복이며, 죄로부터의 해방이고, 악으로부터의 초월"이라고 이해하고 마치 기독교인들은 "신에게 원죄를 시인하고 회개를 하면" 지정의에 자동적으로 변화가 일어난다고 믿는다고 생각하는 듯하다(141). 이것은 잘못된 이해이다.

이에 대해 목사는 먼저 불자가 오류를 일으킨 부분을 다음과 같이 간략하게 언급한다.

첫째, 불교의 참회는 자신의 실패를 후회하고 자책하여 자신이 초래한 화가 자신에게 미치지 않도록 하는 것이 핵심이다. 그러나 기독교의 회개는 자신의 죄악은 창조주 하나님께 저지른 것이며, 그 죄악은 하나님에 대해 품고 있던 적대감에서 비롯된 것이라는 깨달음이 핵심이다.

둘째, 기독교의 회개는 자신에게 임한 예수 그리스도의 공로와 능력을 따라 자신의 심장을 찢는 것이며, 하나님을 반대하여 세운 담벼락을 부수는 것이다. 그러므로 본질적인 회개는 구원에 상응한다.

셋째, 구원받은 이후에도, 구원의 상태에 있는 동안에도, 여러 가지 잘못에 대해서도 뉘우치고 돌이키는 회개가 있어야 한다. 이러한 회개는 믿음을 돈독히 하고 하나님께로 더 가까이 이끌어준다.

넷째, 참된 회개는 하나님이 베푸시는 은총 덕택이다. 인간의 구원이 하나님의 위대한 일인 것처럼 회개 역시 하나님의 이끄심이다.

기독교에서 회개는 구원을 형성하는 중요한 요소이다. 불교에서 참회는 전세에서 지은 즉, 실제로는 정확하게 알지도 못하는 죄업이 야기할 공포 때문에, 본래는 '나'라는 자아가 없기에 '나의' 죄라고 볼 필요도 없는 죄업을 씻어야 장차 '나일 수도 없는 나'의 안락을 위해 열심히 '자기'를 씻어내는 정화행위이다. 자기정화라는 측면에서 불교의 참회는 기독교의 회개와 상통하는 측면이 있다. 그러나 불교의 참회는 자기정화가 전부겠지만 기독교의 회개는 훨씬 더 깊고 넓은 내용과 의미를 갖는다.

기독교의 회개는 하나님이 비추는 광명한 빛 속에서 자신의 실체를 똑똑히 바라볼 수 있게 됨으로써 야기되는 것이다. 자신은 다른 사람의 죄 때문에 죄인으로 몰린 것이 아니라 살인자는 바로 자기 자신이라는 사실을 발견함으로써 야기되는 것이다. 자신이 죽인 자의 피가 여전히 자기 손에서 뚝뚝 흘러내리고 있고,

자기가 죽인 자는 바로 하나님의 아들 예수 그리스도라는 결코 부인할 수 없는 진실 앞에서, 저 엄정한 검찰관과 재판장 앞에서, 자기 죄를 인정하고 사형대로 끌려가는 죄수의 눈물, 그 비통한 심경, 살해당한 아들의 아버지 앞에 무릎꿇고 고하는 사죄, 이것이 회개다.

불교는 자신의 정화와 행복을 목표로 참회를 추구한다. 하지만 기독교는 내가 죽인 이의 친부(親父) 앞으로 나아가 '내가 당신의 아들을 죽인 사람입니다'라고 말하는 것이 회개의 핵심이라고 말한다. 기독교가 분명하게 인정하는 것은 바로 이러한 깨달음과 고백 자체도 하나님의 은혜로운 인도하심이며 한없는 은총이라는 사실과, 회개 자체는 죄인의 인격을 청정하게 한다거나 인격을 변혁시키지 않는다는 사실이다. 놀랍게도, 이러한 회개 자체도 실은 죄인의 인격 전반에 철저한 변혁이 일어나기 시작했기에 가능한 일이다. 따라서 이러한 회개는 구원의 전조이며, 구원을 발생시키는 동력이 이미 작동하고 있는 것이다. 따라서 회개하는 자는 구원 받는다.

불교는 캄캄한 어둠 속으로 들어가 몸을 씻으라고 한다. 씻음 그 자체로 만족하라고 가르친다. 기독교는 광명한 빛으로 들어가 하나님의 말씀과 성령의 도움으로 씻으라고 한다. 말갛게 씻김으로 씻고 눈부시게 흰 옷을 입는다.

복된 운명에 어떻게 도달하는가?

31 운명론에 대해

불교는 기독교는 인간 주체성을 전면 부정하는 운명론이라고 **말한다.**

기독교는 불교야말로 진짜 운명론이라고 **답한다.**

구주 예수 그리스도를 마음으로 믿고 입으로 시인하고, 그 믿음의 삶을 살 때 하나님께서 복된 운명을 선물처럼 주시고 친히 이끌어주신다.

대개의 사람들은 '운명' 혹은 '운명론'이라는 용어를 기독교에 적용하면서, 기독교는 전지전능하며 인간사에 빈틈없이 개입하는 하나님을 인정하기 때문에 사람은 단지 하나님의 뜻에 철저하게 속박된, 그래서 행위주체성을 억지로 상실케 되는 종교라고 본다. 반면에 운명은 끊임없이 변한다는 입장을 취하는 불교는 "자신의 말과 행동과 생각에 의해 스스로의 운명"을 변화시킬 수 있다고 가르치기에 운명론이 아니라고 본다(147). 이 관점은 아래에 기술에서 여실히 드러난다.

> 기독교의 관점에서 인간의 운명은 철저하게 신의 뜻에 의해 이루어지고……인간의 각기 다른 모습과 길흉화복은 인간 스스로의 행위나 그 밖의 요건에 의해 주어지지 않고 오직 신에 의해 결정된다. 그리고 이러한 신의 결정은 다른 이유는 없고 단지 신이 자신이 행하는 일을 인간들에게 나타내 보이기 위함이다……기독교인의 삶의 태도는 당연히 자신의 운명에 대한 순응이다. 인간은 자신의 삶이 지극히 불행하다고 해도 신을 향해 반발하거나 이의를 제기해서는 안 된다. 모든 것을 신의 뜻으로 받아들이고 순종해야만 한다. 그렇게 하면 인간은 신으로부터 축복을 받거나 구원받을 수 있다(145).

위 인용문에서 기독교를 운명론이라고 비판한다. 이 비판의 요지는 다음과 같다.

(1) 인간의 운명은 철저하게 하나님의 뜻에 종속되어 있다.

(2) 인간의 길흉화복은 결코 인간 자신의 행위에 의해 좌우되지

않는다.

⑶ 인간은 하나님이 정한 운명에 순응할 수밖에 없다.

⑷ 인간은 자신의 불행한 처지에 대해 신에게 반발하거나 이의를 제기해서는 안 된다.

⑸ 철저한 순응을 할 때에만 신으로부터 축복 혹은 구원을 받는다.

이런 취지의 진술은 기독교는 '창세전부터 택자들을 예정해 놓은 전지전능한 하나님'이라는 관념과 '순응'이라는 단어를 단순하게 연결해서 도출한 편견일 뿐이다. 기독교를 운명론이라고 단언하기 전에, "신으로부터 축복 혹은 구원을 받는다"라는 이런 진술이 정확히 무슨 뜻인지를 고찰하고 엄밀하게 파악했어야 한다.

순응하면 구원을 받는다는 말은, 불응하면 멸망시키겠다는 말과 단순하게 그리고 정확하게 반대되는 말인가? 그렇지 않다. 기독교의 구원론은 그렇게 기계적이지 않다. 불응하면 멸망시키겠다는 말 또한 '내가 시키는 것 이외에는 꼼짝도 하지 말고, 내가 시킬 때 이외에는 숨도 쉬지 말고, 반드시 내가 시키는 그대로만 하라, 그렇지 않으면 멸망시키겠다'라는 뜻이 아니다. 전혀 그렇지 않다. 이 마지막 진술에 해당하는 철학이 운명론인데, 기독교의 구원론은 이런 기계적 운명론이 아니다. 이런 운명론은 선하신 하나님, 자비로운 하나님, 사랑의 하나님 및 그 구원론에 전혀 부합하지 않는다.

'불응하면 멸망시키겠다'라는 말조차도 행위자에게 순응과 불응 사이의 선택권이 있고, 불응할 여지가 분명히 있기 때문에 하는 말이다. 위협하는 이에게, 목숨을 걸고 저항할 수도 있다. 그러니 운명론이 아니다. '순응하면 구원을 받는다'는 말은 행위자의 선택권을 극도로 제한하는 것처럼 보이지만 실제로는 아니다. 행위자의 주체성이 강력하게 보장되었지만 매우 특별하고 위급한 정황을 상정한 뒤에 나올 수 있는 말이다.

예를 들면, 죽을병에 걸린 환자에게 의사가 '반드시 내가 처방한 약을, 내가 지정한 방법대로 복용해야 합니다, 그러면 당신은 살 수 있습니다'라고 말한 경우이다. 이 환자는 의사가 결정한 운명의 마수에 걸려든 것이 아니다. 길을 잃은 사람에게 약도를 그려주며 '반드시 이 길로만 가라'라고 말했고 그 말에 저항하지 못했다고 해서 운명론이라고 규정하는 경우는 없다.

이제 기독교는 운명론이 아니라는 적극적인 증거를 몇 개만이라도 모아보자.

첫째, 하나님은 아담과 이브에게 "동산의 실과는 임의로 먹되 선악을 알게 하는 나무의 실과는 먹지 말라 네가 먹는 날에는 정녕 죽으리라"라고 경고하셨다(창세기 2:16-17). 이것은 삶과 죽음의 선택권이 전적으로 아담에게 있다는 뜻이다.

둘째, 하나님의 부르심에 순종하여 본토친척을 버리고 "갈 바를 알지 못하고" 나그네 길을 떠났던 아브라함은 자신이 떠나온 "본향을 생각하였더면 돌아갈 기회가 있었으려니와……더 나은 본향을 사모하"여 죽을 때까지 여행했다(히브리서 11:15-16). 운명에 매였기 때문이 아니라 자신에게 보장된 선택권을 더 좋은 것을 얻는 쪽으로 행사했음을 분명히 밝힌다.

셋째, 여호수아는 말년에 하나님과 언약을 맺은 백성인 이스라엘 족속에게 "만일 여호와를 섬기는 것이 **너희에게 좋지 않게 보이거든** 너희 열조가 강 저편에서 섬기던 신이든지 혹 너희의 거하는 땅 아모리 사람의 신이든지 **너희 섬길 자를 오늘날 택하라**"라고 말했다(여호수아 24:15). 운명론적 신앙관을 가졌다면, 언약을 체결한 지 수십 년이 지난 뒤에, 이런 식으로 말하지 못한다. 섬길 신을 선택할 권리가 보장되어 있다.

넷째, 성경전서의 첫 다섯 책(모세오경)에는 모두 613개의 명령이 나온다. 이 명령의 근본적인 성격의 한 단면을 선지자의 말에서 엿볼 수 있다.

이사야 55:1-2, "너희 목마른 자들아 물로 나아오라 돈 없는 자도 오라 너희는 와서 사 먹되 돈 없이, 값 없이 와서 포도주와 젖을 사라 너희가 어찌하여 양식 아닌 것을 위하여 은을 달아 주며 배부르게 못할 것을 위하여 수고하느냐 나를 청종하라 그리하면 너희가 좋은 것을 먹을 것이며 너희 마음이 기름진 것으로 즐거움을 얻으리라."

선지자가 이 말씀을 전하는 까닭은, 길흉화복의 결정적 선택권을 인간이 충분히 발휘하고 있기 때문이다. 이처럼 하나님은 자유의지적 선택능력과 선택기회를 충분히 보장하신다. 따라서 기독교는 운명론이 아니다.

목이 타는 사람은 물을 마실 수밖에 없고, 배고픈 자는 양식을 구할 수박에 없고, 중병에 걸린 사람은 의사의 말을 들을 수밖에 없고, 문제를 겪고 있는 사람은 해결책을 찾을 수밖에 없고, 해답에 의존하지 않을 수 없는 것을 결코 운명론이라고 부르지 않는다.

반면에, 불교 경전 〈법구경〉에 있는 일화를 보자. 발가벗겨져 구덩이에 처박힌 시체에 대에 붓다는 "그 여인은 전생의 악행으로 산적을 만나 그렇게 된 것이니라……남편에게……거짓말을 하면서 자신의 말이 거짓일 경우 처참한 죽음을 당할 것이라고 말했기 때문에 그 과보로 그렇게 되었느니라"라고 설명했고, 이에 대해 불자는 "전생의 업이 금생의 운명을 결정짓는 데 결정적인 힘을 발휘한다"라는 해석을 덧붙였다(146).

죽은 그 여인은 자신이 전생에서 어떤 악업을 쌓았는지, 언제 얼마나 처참한 죽음으로 현생을 하직할지, 어떻게 해야 그 악업을 씻어낼지 틀림없이 전혀 몰랐을 것이다. 그 여인은 전생에 결정된 운명을 한 치도 벗어나지 못했다. 그 여인은 자신의 다음 생을 스스로 결정했을까? 무엇을? 어떻게? 언제? 이것이야말로 운명론이라는 덫이다.

최종적 결말이라는 점에서 기독교는 어떤 입장인지 요한과 바울의 말을 살펴보자.

> 세상 중에서 내게 주신 사람들에게 내가 아버지의 이름을 나타내었나이다 저희는 아버지의 것이었는데 내게 주셨으며 저희는 아버지의 말씀을 지키었나이다……내가 저희와 함께 있을 때에 내게 주신 아버지의 이름으로 저희를 보전하와 지키었나이다 그중에 하나도 멸망치 않고……내가 세상에 속하지 아니함 같이 저희도 세상에 속하지 아니하였삽나이다 저희를 진리로 거룩하게 하옵소서 아버지의 말씀은 진리니이다(요한복음 17:6, 12, 16-17).

> 우리가 알거니와 하나님을 사랑하는 자 곧 그 뜻대로 부르심을 입은 자들에게는 모든 것이 합력하여 선을 이루느니라……누가 우리를 그리스도의 사랑에서 끊으리요 환난이나 곤고나 핍박이나 기근이나 적신이나 위험이나 칼이랴……내가 확신하노니 사망이나 생명이나 천사들이나 권세자들이나 현재 일이나 장래 일이나 능력이나 높음이나 깊음이나 다른 아무 피조물이라도 우리를 우리 주 그리스도 예수 안에 있는 하나님의 사랑에서 끊을 수 없으리라 (로마서 8:28, 35, 38-39).

하나님의 아들 예수 그리스도를 자신의 구세주로 영접하고 하나님의 뜻대로 행하는 자는 결단코 세상에 매이지 않고 세상과 더불어 멸망을 당하지 않고 그리스도 안에서 영원한 평강과 행복을 누릴 운명이라는 점에서 운명론이다. "그리스도 안에 있는 하나님의 사랑"을 영원토록 받을 수밖에 없는 운명이라는 점에서 운명론이다. 역설적으로, 이 말은 우리 기독교인은 세상에서 어떤 실패를 당했어도, 어떻게 좌절했어도, 아무리 깊은 나락에 떨어졌어도 결코 실패일 수 없는 운명이라는 뜻이다.

불교는 덫에 빠진 인생에게 자유선택권을 주겠다고 나선다. 하지만 덫을 벗어날 기회는 결단코, 영원히 주지 못한다. 그것은 스스로 해내야 한단다. 반면에, 기독교는 덫에 빠진 인생을 꼼짝 못하게 움켜쥔다. 움켜쥔 그 손은 전능자의 자비로운 손길이다. 움켜쥠을 당한 인생은 생명과 보호를 받고 능력을 부여 받는다. 덫 밖으로 꺼내지고 영원하고 완전한 자유를 누린다. 참된 기독교인은 최종적으로 실패와 비참에 빠질 기회를 영원히 박탈당하고, 영원한 복락을 누릴 운명을 피하지 못한다.

복락을 구하는 것은 욕망의 소치일까?

32 기복론에 대해

불교는 기독교가 부질없는 욕망을 조장하는 기복종교라고 말한다.

기독교는 영원한 복락의 종교라고 답한다.

복은 하나님이 주시는 좋은 것이다. 복을 받는다는 것은 복을 받은 결과물에 핵심가치가 있는 것이 아니다. 복을 간절히 필요로 하는 상태에서 벗어났다는 것, 즉 복의 근원이신 하나님과의 연결이 회복되었고 소통이 원활한 상태에 있다는 것이 중요하다. 세상이 더럽고 세상살이가 곤핍하고 인생이 비참한 것, 그래서 복을 절박하게 추구하고 복된 상태를 갈구하게 된 것은 죄악과 그 후과 때문이다. 그러므로 복락을 구하는 것은 바람직한 것인데, 복락을 탐욕으로 헛되이 구하는 것이 잘못이다.

기복(祈福)은 '복을 기원한다,' '복을 빈다'라는 뜻이다. 결코 나쁜 뜻이 아니다. 기복적인 행태에 대해 빈정거릴 이유도 없다. 세상살이는 고달프고, 감당할 수 없는 고통은 파도처럼 연달아 밀려오고 폭포수처럼 쏟아지기 때문이다. 약자는 강자에게 기대며, 자비와 은총을 구할 수밖에 없다. 그래서 인간은 필요하다면 신을 얼마든지 발명해낸다. 이러한 인간 본성 때문에 종교는 기복적 성격을 가지기 마련이다. 불자는 기복성이라는 측면에서 불교와 기독교에 대해 다음과 같이 말한다.

> 기복성이란 그 종교를 믿게 되면 복을 받고 잘 살게 된다는 교리다. 아마 종교에 기복성이 결여되어 있다면 불교든 기독교든 여태까지 살아남기 힘들었을 것이다……오늘날 대형 사찰이나 교회가 위용을 자랑하는 것도 그 배경에는 교리의 기복성을 무엇보다 잘 이용했기 때문이라는 사실을 부인할 수 없다(148).

불자의 이 말 가운데 기독교에 관련해서 바로잡아야할 사항이 있다.

첫째, 사람에게는 기복성이 있을 수밖에 없고 하나님은 만복의 근원이며 복을 주시는 분이지만 기독교는 기복성을 교리화하거나 복을 받기 위해 믿으라고 가르치지 않는다.

둘째, 기복종교는 '정도'의 문제가 아니라 타락한 종교일 뿐이다. 인간의 기복성을 이용하는 기독교는 올바른, 성경적 기독교가 아니다. 따라서 올바른 기독교의 성장과 발달에 대해서는 다르게 접근하고 해석해야 한다.

엄밀하게 말하자면, 기독교의 근본성격과 '기복' 즉, '복을 빈다'는 관념은 쉽게 조화되지 않는다. '기복'이란 것이 복을 받아야 하니까 어떻게든 어디에든 그 복을 달라고 졸라댄다는 뜻이다. 수단방법을 가리지 않는다. 받기만 하면 된다. 반면에 기독교는 만복의 근원 하나님이 주는 '복을 받는' 종교다. 그래서 신자들은 하늘에 계신 아버지께 '복을 받기를 원합니다'라고 말하는 종교다. 그러므로 기독교는 '기복'이라는 말을 사용하지 않고 '축복,' '강복'(降福)이라는 말을 사용한다. 하지만 여기에도 세심하게 살펴야할 가르침이 있다. 단계적으로 살펴보자.

첫째, 아브라함의 경우를 보자. 하나님이 아브람(아브라함)을 믿음의 조상으로 선택하는 장면이다.

> 창세기 12:1-3, "여호와께서 아브람에게 이르시되 너는 너의 본토 친척 아비 집을 떠나 내가 네게 지시할 땅으로 가라 내가 너로 큰 민족을 이루고 네게 복을 주어 네 이름을 창대케 하리니 너는 복의 근원이 될지라 너를 축복하는 자에게는 내가 복을 내리고 너를 저주하는 자에게는 내가 저주하리니 땅의 모든 족속이 너를 인하여 복을 얻을 것이니라 하신지라."

아브라함은 하나님께 복을 빌지 않았다. 자신의 욕망을 채울 어떤 것을, 부귀영화에 관계된 어떤 것을 구한 적이 없다. 하나님은 아브라함의 욕구를 이용해서 어떤 거래를 맺지 않으셨다. 하나님이 아브라함에게 본토친척을 버리고 떠나라고 '일방적으로' 명령하셨다. 하나님은 아브라함에게 복을 줄 계획이라고 '일방적으로' 밝히셨다. 아브라함은 어떤 복된 것을 받아서 소유하게 되는 것이 아니라 아브라함 자체가 복이 되는 복을 받을 것이다. 단적으로 말하자면, 아브라함은 복을 쏟아내고, 땅의 모든 족속이 아브라함이 쏟아내는 복을 취한다.

둘째, 하나님이 아브라함을 불러 나그네로 살게 하신 지 대략 25년 뒤에 비로소 후사를 주겠다고 약속하시면서 당부한 말씀을 보자.

> 창세기 18:18-19, "아브라함은 강대한 나라가 되고 천하 만민은 그를 인하여 복을 받게 될 것이 아니냐 내가 그로 그 자식과 권속에게 명하여 여호와의 도를 지켜 의와 공도를 행하게 하려고 그를 택하였나니 이는 나 여호와가 아브라함에 대하여 말한 일을 이루려 함이니라."

고향과 친척을 버리고 25년에 걸쳐 객지를 떠돈 아브라함은 무슨 복을 누리는가? "강대한 나라"를 약속했지만 아브라함 생전에는 조금도 이뤄지지 않았다. 아브라함이 죽은 지 수백 년 뒤에나 이뤄졌다. 더군다나 아브라함과 그 후손은 남부럽지 않은 부귀영화를 누릴 약속을 받는 것이 아니라 정의와 공평을 행하라는 명령을 받는다. 그것이 아브라함과 그 후손을 선택한 목적이라고 밝힌다. 풍진세상에서 정의와 공평을 사명감을 가지고 한결같이 성취한다는 것은 상상할 수 없이 힘든 일이다. 고마타 싯다르타는 엄두도 내지 못한 일이다.

셋째, 하나님은 동족을 함부로 종으로 삼지 말라고 하셨다. 하지만 종으로 삼게 되었다면, 함부로 부리지 말고, 가족처럼 대하고 7년 차에는 해방시켜주되 빈손으로 내보내지 말고 살림 밑천을 떼어주라고 명령하신다.

> 신명기 15:12-14, "제 칠년에 너는 그를 놓아 자유하게 할 것이요 그를 놓아 자유하게 할 때에는 공수로 가게 하지 말고 네 양 무리 중에서와 타작 마당에서와 포도주 틀에서 그에게 후히 줄지니 곧 **네 하나님 여호와께서 네게 복을 주신 대로 그에게 줄지니라.**"

복과 관련해서 주목할 부분은 마지막에 있는 "네 하나님 여호와께서 네게 복을 주신 대로 그에게 줄지니라"라는 명령이다. 해방되는 종은 만 6년간 자신이 노동하여 거둔 소출에서 일정한 몫을 가져가는 것이 아니다. 주인은 종에게 복을 빌어주는 것도 아니고 복을 받기 위해 종에게 후하게 베풀라는 것도 아니다. 베풀면 복을 받겠다는 약속에 의거해서 하라는 것도 아니다. 주인이 기왕에 받은 복을 후하게 나눠주라고 명령하신다.

기독교의 축복은 그리스도 안에서 안식과 평강을 누리며 그리스도를 닮는 인격자가 되고 그러한 삶을 사는 것이 우선이다. 물질적인 복락과 형통은 부차적이며, 주어지지 않을 수도 있다. 고난과 능멸을 당할 수도 있다. 아니, 오히려 "하나님의 능력을 좇아 복음과 함께 고난을 받으라"라고 명령한다(디모데후서 1:8). "의를 위하여 고난을 받으면 복 있는 자"이기 때문이다(베드로전서 3:14).

그러면 기독교는 부차적이나마 물질적인 복락, 풍요, 무병장수를 구하는 것을 허용하는가? 철없는 자식이 친애하는 아버지께 떼를 쓰는 것을 누가 막으랴? 다만 기독교는 먼저, 자신의 마음을 살피라고 가르친다. 그 근본동기와 목적을 면밀히 검토하여 분별 있게 구하라고 가르친다. 사도 바울은 성도들에게 "음행과 온갖 더러운 것과 탐욕은 너희 중에서 그 이름이라도 부르지 말라"라고 준엄하게 명령한다(에베소서 5:3). 탐하는 마음은 죄악이기 때문이다(이사야 57:17, 로마서 7:7–8). 더러운 이를 탐하는 것을 하나님은 가증스럽게 여기시기 때문이다.

　이제 불자가 불교의 기복성을 어떻게 말하는지 불자의 인용문을 그대로 인용해서 살펴보자(150).

> 이 경은 능히 모든 고뇌를 여의게 하고 이익을 주며 중생의 모든 소원을 만족케 하느니라(법화경 안락행품).

> 누구든지 내 이름을 부르거나 공양공경하면 넓고 풍요로운 곳에 나게 되며 평안하고 안락하며 죽은 조상들과 친척들이 좋은 곳에 나고 수명이 길어진다. 온갖 재앙이 사라지고 원하는 바를 얻게 되며 천신이 보호하며 훌륭한 스승을 만나 필경 진리를 깨달아 중생계를 벗어난다(≪지장경≫ 존망이익품).

　불교 역시, 복을 구하려는 욕망 자체를 벗어나야 한다고 가르친다고 말한다. 하지만 위에 인용된 〈법화경〉과 〈지장경〉의 글귀는 기복신앙을 적극적으로 부추긴다. 대승불교가 발전시킨 신앙 특히, 지장신앙은 세속적 복락을 구하는 기복신앙을 적극적으로 조장했다는 점을 부인하기 어려울 것이다. 물론, 이해가 된다. 복을 받아봤자 허무한 인생에 번뇌는 그치지 않고 악업은 늘어간다고 깨닫기는 하지만 험악한 세상살이에 온갖 복이 필요하다는 현실을 결코 부인할 수 없다. 그러니 불교는 기복신앙을 발전시킬 수밖에 없었을 것이다.

불교는 축복의 샘이 없으니 복을 빌러 다닌다. 기독교는 만복의 근원 하나님이 우리에게 오시는 종교다. 기독교는 하나님을 복으로 받는 종교다.

어떤 사랑이 참 사랑인가?

33 **사랑론**에 대해

불교는 기독교의 사랑은
신에게 영광을 돌리기 위한 행위일 뿐이라**고 말한다.**

기독교는 기독교의 사랑은
참 사랑의 능력으로 회복된 사랑이라**고 답한다.**

마음을 다하고 목숨을 다하고 뜻을 다하고 힘을 다하여 하나님을 사랑하고 이웃을 사랑하는 그 사랑이 참 사랑이다.

불자는 기독교의 사랑과 불교의 사랑을 윤리적 차원에서 단순하게 비교한다. 그리고 다음과 같이 말한다(154).

> 예수의 사랑은 이른바 인간의 죄를 대신 짊어지고 십자가에 못 박혀 죽은 사건으로 극치를 이룬다. 이 사건은 기독교 정신의 근본으로 사랑도 이로부터 탄생한다.

> 불교 또한 인간들에게 한없는 연민을 일으키고 이들을 위하여 목숨을 바치라고 가르친다. 불교에서는 사랑이라는 말 대신 자비(慈悲)라는 말을 사용한다. 여기서 자(慈)는 기쁨으로 일으키는 사랑을 뜻하고, 비(悲)는 가엾어서 일으키는 사랑을 뜻한다.

불자는 '사랑'을 우리에게 익숙한 의미의 차원에서 사용하고, 예수의 사랑은 자기 목숨까지도 희생하는 사랑이기에 지극히 숭고하다고 여긴다. 불교도 예수 못지않다는 취지로, 인간들을 위해 목숨을 바치라고 가르친다고 말한다. 이러한 이해는, 사랑은 모두 동일한 것이라고 전제하고 이기적이냐, 이타적이냐, 희생적이냐 등에 따라 사랑의 질적 수준이 달라진다고 본 것이다. 그래서 어쩌면 당연한 것이겠지만 기독교의 사랑에 대해 다음과 같은 문제점이 있다고 지적한다.

> 기독교에서는 세상의 사랑이 아무리 숭고해도 신이 전제되지 않으면 미완성의 사랑이며 타락의 사랑에 지나지 않는다고 말한다. 신을 바탕으

로 하지 않는 사랑은 구원이 없는 사랑이기 때문이다. 기독교인들이 사랑을 실천하는 이유는 사람들이 불쌍하기 때문이라기보다는 하나님을 기쁘게 하기 위해서이다. 만약 선행을 해도 하나님이 기쁘지 않으면 그들은 사랑을 실천할 필요성이 없다(155).

위의 진술들에 깃들어 있는 오해를 바로잡기 위해서는 지적해야 할 것이 많다. 하지만 여기에서는 기본적인 오류 세 가지만 정리해보겠다.

첫째, 십자가 사건은 예수의 사랑의 극치이며, 기독교의 사랑 정신도 여기에서 출발한다.

둘째, 신이 전제되지 않는 사랑은 미완의 사랑, 타락한 사랑, 구원이 없는 사랑이다.

셋째, 하나님이 기뻐하지 않으면 사랑을 실천할 필요가 없다.

이러한 오류에 대해 성경을 따라 다음과 같이 답할 수 있다.

첫째, 하나님은 세상을 창조하기 이전, 영원 속에서부터, 우리를 사랑하셨다. 심지어 우리를 거룩하고 흠 없는 완전한 존재로 세우기로 예정하셨다(에베소서 1:4). 하나님의 사랑을 완성하기 위해, 하나님의 아들 예수 그리스도는 우리의 죄악과 흠을 덮고자 자신을 제물로 삼아 하나님께 속죄제사를 드렸다. 이것이 십자가 사건이다. 하나님과 예수님의 우리에 대한 사랑은 십자가에서 끝나지 않는다. 최고의 절정은 아직 오지 않았다. 창세전에 하나님의 가슴에서 시작된 사랑의 물줄기는 십자가 사건을 지나 영원을 향해 전진한다.

둘째, 사랑은 궁극적 시원(始原)이며 궁극적 목표점이다. 인류가 상정하는 일체의 사랑은 하나님의 사랑이 원형이다. 인류가 정말이지 숭고한 사랑을 하고자 한다면 하나님의 사랑을 그대로 빼닮은 사랑을 해야 한다. 하나님은 자기 아들을 십자가에 내어주기까지, 예수님은 십자가에서 죽기까지 순종하신 계기와 까닭과 목적은 하나님 밖에서는 어디에서도 찾을 수 없다. 오직 하나님 안에서만 찾을 수 있는데 그것은 사랑이었다. 사랑하기 때문이었고, 사랑을 위해서였다.

셋째, 하나님의 사랑은 능력이다. 죄와 저주의 사슬을 끊고 한량없이 거룩한 하나님과 한량없이 더럽고 추한 죄인을 하나로 묶되 서로 통하도록 한 몸이 되게 하는 신묘한 능력이다. 한 나무를 구성하는 뿌리와 줄기와 가지가 하나로 통하는 것처럼 통하게 만드는 능력이다(요한복음 14:20-21). 본성 깊숙이 죄악과 탐욕으로 물들었기에 더럽고 추하고 이기적일 뿐인 인간의 사랑과는 너무나 다른 사랑이다.

진정 숭고한 사랑, 하나님의 사랑을 닮은 사랑을 하기 위해서는 먼저 하나님의 거룩한 사랑을 깊이 경험해야 한다. 그래서 하나님은 십자가 사건을 준비하셨다. 예수 그리스도의 십자가를 통해, 죄인은 하나님을 믿고 알고 소망하는 것이 가능해진다. 하나님의 사랑을 덧입고 하나님의 사랑으로 하나님을 사랑할 수 있게 된다. 그런 사랑으로 이웃을 사랑할 수 있게 된다. 그러므로 하나님과 사랑으로 통하지 않고는 믿음도 구원도 완전한 것이 아니다. 하나님을 사랑하지 않는 사람은 온전하고 거룩한 사랑을 할 줄 모르는 사람이다.

넷째, 사랑은 화합과 기쁨을 낳는다. 하나님은 서로 사랑하는 것을 기뻐하신다. 사람들이 서로를 진정으로 사랑하며 행복하게 사는 나라를 원하신다. 하나님은 온 세상의 하나님이며, 세상 모든 나라와 민족을 섭리하신다. 사랑은 하나님이 세계 창조와 통치의 중심원리로 세운 가치이다. 하나님은 불신자들을 미워하실까? 천만에, 하나님은 우리가 죄인이었을 때 자기 아들을 십자가에 못 박아 죽이도록 내어주셨다. 불신 세상일지라도 참 사랑과 정의가 실현되기를 원하시는 분이다.

'하나님께 영광!'이 기독교의 모든 활동의 중심목표인 까닭은 그 모든 활동의 가치를 하나님의 기준으로 평가하고 영원을 지향하는 가치에 부합하는 삶과 행동을 이 세상에서도, 그리고 세상 사람들을 위해서도 행하도록 위함이다. 이 교훈은 예수님의 말씀에서 명확하게 드러난다.

요한복음 5:13-16, "너희는 세상의 소금이니 소금이 만일 그 맛을 잃으면 무엇으로 짜게 하리요……너희는 세상의 빛이라……너희 빛을 사람 앞에 비취게 하여 저희로 너희 착한 행실을 보고 하늘에 계신 너희 아버지께 영광을 돌리게 하라."

사람들에게 유익을 주는 **착한 행실**을 하라는 명백한 명령이다. 하나님께 기쁨과 영광이 드려지지 않는다면 하지 말라고 해석할 여지는 전혀 없다. 오히려 이 구절은 기독교의 선행의 기준은 선업을 쌓는 것이 아니라 세상을 밝히며 썩지 않게 하는 것에 있다고 밝힌다. 불신자들조차 하나님을 칭찬할 정도로 하라는 명령이다. 세상을 밝히고 썩지 않게 하는 착한 행실이라면, 아무런 보상이 없더라도 최종적으로 하나님께 영광을 돌리는 일이라면, 결코 낙심하지 말고 포기하지 말고 끝까지 하라는 뜻이다.

불교는 번뇌뿐인 인생에게 사랑하라고 권한다. 기독교는 하나님의 영원한 참 사랑을 받고, 그 사랑으로 사랑할 능력도 함께 받는 종교다.

스승을 버린 제자들은 어떤 운명을 맞이해야 하나?
34 제자론에 대해

불교는 예수께서 고난 받으실 때 외면하고 도망치는 제자들의 행동을 납득하지 **못한다.**

기독교는 십자가는 예수 홀로 감당해야할 몫이었다**고 답한다.**

예수 그리스도께서는 자신이 관원들에게 붙잡혀 죽임을 당하실 때 제자들이 약함과 두려움에 사로잡혀 자신을 모른다고 할 것을, 심지어 도망칠 것을 미리 아셨고 예언하셨다. 하지만 주님은 그들을 미워하지 않으셨다. 부활하신 뒤에 이 제자들을 다시 찾으셨고 믿음을 굳세게 해주셨고, 성령과 권능을 넘치도록 부어주셨다.

불자는 예수의 십자가와 죽음의 현장에서 제자들이 스승을 저버린 장면을 도무지 이해하지 못하겠다면서 다음과 같이 말한다.

> 예수의 제자들은 그 믿음의 깊이에도 불구하고 그들의 지도자를 지키고 보호하지는 않았다. 제자들은 예수가 빌라도에게 잡혀가 죽임을 당할 때 한결같이 모습을 감추고 예수와의 관계를 부인한다. 누구 한 사람도 예수를 변호하려 한다든가 동행하려 하지 않았다(158).

이 진술에 따르면, 다음과 같은 사실을 이해하지 못한 것이다.

첫째, 예수의 십자가는 인류의 모든 죄와 징벌을 전적으로 홀로 감당해야 하는 사역이다.

둘째, 제자라는 신분과 믿음의 깊이가 어떤 능력을 가지려면, 능력 이전에 본성의 근본문제가 예수의 십자가 사역 성취와 공로의 적용에 의해 해결되어야 한다.

셋째, 예수는 제자들의 나약함을, 심지어 배신을 처음부터 알고 계셨다.

제자들은 믿음이 아무리 깊고 결단이 아무리 확고해도 용기가 아무리 영웅적이어도 한낱 인간 그대로였다. 죄에 속박되고 휘둘릴 뿐이고, 어떤 행동을 해도 하나님의 기준에 부합하는 거룩과 의를 이룰 수 없는 존재였다. 본성을 틀어쥐고 있는 죄의 권세를 파괴하고 본성을 새롭게 하여 새 생명의 참되고 자유로운 삶을 가능케 하기 위해서는, 믿음의 영웅이 되기 위해서는, 하나님의 구속자 예수 그리스도가 십자가에 못 박혀 죽으셔야 했다.

하나님의 이 위대한 십자가 사역을 어떤 피조물이 도와줄 수 있었을까? 제자들이 칼을 뽑아들고 로마군병들을 막아내면 하나님의 뜻이 성취될까? 십자가 사역을 가로막는 셈인데 하나님이 기뻐하실까? 하나님의 뜻과 예언을 가로막는 제자들의 행동이 과연 충정일까? 예수님은 칼을 뽑아 휘두른 제자 베드로를 막으셨다. 그리고 오래 전에 예언하신 대로, 순한 양처럼 끌려가셨고 굴욕을 감수하셨다.

예수 그리스도께서 십자가에서 토해낸 절규는 제자들의 배신을 바라보며 치를 떨다가 견딜 수 없어서 내지른 비명이 아니다. 배신당하는 서운함에서 나오는 안타까움으로 제자들을 바라보신 것이 아니다. 죄의 권세에 단단히 붙잡힌 나약한 본성과 비참한 운명을 불쌍히 여기는 자비로움에서 나온 안타까움이다. 인류의 엄청난 배신과 죄악과 비참을 짊어지고 죽어가는 바로 그 순간까지도, 용서를 받아야할 자들의 용서를 간구하는 간절함이다. 하나님의 엄정한 정의 앞에, '**보시오! 내가 이렇게 저들의 죄를 짊어지고 죽습니다. 이제 저들은 용서받을 권리가 있습니다. 그러니 내 이름으로 저들을 용서하십시오!**'라고 탄원하는 사랑이다.

예수께서 죄의 권세와 올무를 박살내고 다시 살아나고 성령 하나님이 제자들에게 강림한 사건 이후에, 제자들은 권능을 받았다. 성령을 받은 제자들은 넘치는 기쁨으로 죽기까지 순종했다.

　불교는 힘없는 인간에게 힘을 내라 힘껏 닦으라고 가르치는 종교다. 기독교는 은혜와 능력을 베푸시는 전능한 하나님이 내게로 오라 쉬게 하리라고 말씀하신 종교다.

죽음을 죽이는 죽음이란 어떤 것일까?
35 임종론에 대해

불교는 예수의 죽음은
번뇌를 못 끊은 중생의 몸부림이라**고 본다.**

기독교는 예수의 죽음은 세상 죄를 완벽하게 해결하는
유일무이한 죽음이라**고 답한다.**

예수 그리스도는 자신의 죽음을 통해 죽음을 죽였다. 빛이 비춰지는 곳마다 어둠이 흔적도 없이 사라지듯 죽음이 쫓겨났다. 죽음에서 다시 살아나심으로 이 권능을 확증하셨다. 우리가 예수 그리스도를 구주로 믿고 받아들일 때 이 권세를 힘입는다. 예수 그리스도가 내 안에 계시고 내가 예수 그리스도 안에 있기 때문이다. 예수의 죽음은 이런 능력의 죽음이며 부활의 능력으로 이어지는 죽음이다.

예수 그리스도의 죽음에 대해 갖는 의문점을 다루기 전에 먼저, 불자가 붓다의 죽음을 설명한 문장을 살펴보자.

> 부처님의 임종은 죽음을 맞이하지만 죽음을 해결한 성자답게 이루어진다. 임종의 이유도 다만 몸을 버려야할 때가 되었기 때문이라고 말한다.……부처님의 임종은 죽을 때를 알고 죽는 것이 아니라 죽음의 시간과 방식, 장소를 스스로 선택한다.……부처님은 선정과 지혜가 완전한 분으로 태어남과 죽음을 자유자재할 수 있다. 부처님은……몸을 버리고 입멸했다……이는 여태까지 세상에 태어난 존재들이 죽는 방법과는 완전히 다른 방법으로 몸을 버린 것이다(163-64).

이 설명에 따르면 붓다의 죽음에 대해 몇 가지 사실을 확인할 수 있다.

첫째, 붓다는 자신의 죽음을 죽었다.

둘째, 붓다의 죽음은 특별한 것이 없는 죽음이었다.

셋째, 붓다의 죽음은 후대에 신화적으로 치장되고 과장되었다.

붓다가 완전한 존재로 태어났다면, 자신의 완전성과 특별성에 대해 놀라운 말로 선언했을 것이다. 붓다가 죽음조차도 자유자재로 다룰 수 있었다면 500회가 넘는 윤회를 통해 수행할 필요도 아내와 아들을 버리고 출가할 필요도 없었을 것이다. 수년에 걸쳐 고행을 할 필요도 보리수 밑에서 깨달음을 얻을 필요도 없었을 것이다. 붓다가 제자들에게 남긴 가장 중요한 가르침이 '자등명법등명'이고 '무소의 뿔처럼 혼자서 가라'는 것이라면 붓다는 특별한 삶을 살지 않았다. 고타마 싯다르타는 인간이라면 기필코 맞이해야할 자연적인 죽음을 맞이한 것에 불과하다. 생자필멸! 붓다의 육신이 인연에 얽혀 세상에 생겨난 것이라면, 붓다가 그 인연을 끊고 적멸에 들어갈 때 그 육신을 소멸시키는 것이 죽음이라면, 태어난 자에게 당연하게 찾아오는 죽음을 맞이한 것뿐이다.

붓다는 신, 영원 등의 추상적인 문제들에 대해 관심을 갖지 말라고 당부했다. 붓다가 집중하라는 문제는 인간 본연의 문제였고, 자신도 예외가 아니라는 태도였다. 평범한 인간으로 태어난 고타마 싯다르타는 평범한 인간의 본질적인 문제 즉, 번뇌와 인연생기에 대한 해결책을 찾고 이 해결책을 공유하기를 원했다. 이 점을 생각해보면, 붓다가 태어날 때부터 완전했고 죽음을 자유자재로 다루는 분이었다는 식의 묘사는 후대에 신격화한 결과임이 분명하다. 그러나 아무리 신격화하여 묘사했더라도 '붓다의 삶과 죽음'은 인간의 범주 안에 머물렀다는 본질은 남아있다.

결과적으로, 붓다의 죽음, 입멸을 통해 깨우칠 수 있는 모든 것은 인간의 죽음이라는 범주에서 한 치도 벗어나지 못하는 것들이다. 이에 입각한 인식틀에 갇힌 시각으로는 예수 그리스도의 죽음 즉, '죽음을 죽이는 죽음'이라는 경이로운 사건이 괴이쩍게 보이는 것은 지극히 당연한 일이다. 그래서 불자는 다음과 같이 말한다(161).

신이 전지전능하다고 하기에 도무지 이해가 되지 않는 부분이 예수의 죽음이다. 인간 구원을 위해 세상에 태어났다는 신의 아들이 왜 자신이 만든 피조물들에게 비참한 죽임을 당해야만 했을까?

예수의 죽음에는 합리성을 찾아보기가 어렵다. 신이 인간을 용서하는 길이 이 방법 밖에 없었는지 묻고 싶다. 그토록 인간을 사랑한다는 신이 그냥 과거의 잘못을 모두 덮어버리고 구원하면 될 것을 왜 그리 복잡한 방법을 쓰고 있는지 모를 일이다."

기독교는 이러한 의문 혹은 진술에 대해 다음과 같이 답한다.

첫째, 예수의 죽음은 전지전능한 하나님의 완전한 지혜가 찾아낸 방편이다.

둘째, 예수의 죽음은 인간을 설득하기 위한 것이 아니라 하나님의 정의와 거룩을 만족시키기 위함이다.

셋째, 하나님의 진노를 가라앉히고 하나님의 정의를 충족시키기 위해서는 속죄 받을 죄인이 자기 손으로 제물을 죽이고 그 피를 제단 아래에 모두 쏟아야 하는 것은 하나님이 정하신 법도이다.

넷째, 정당한 속죄와 보상 없이, 죄인을 죄가 없다고 하면서, 무조건 방면하는 것은 불법이며 거짓이며 독단이다. 하나님은 불의한 권력가가 아니시다.

불자는 붓다는 "죽음을 통해서 죽음에서 완전히 벗어나는 법을 가르쳤을 뿐만 아니라 스스로 그 경지를 보임으로써 부처님이 어떤 존재인지 증명해보였다"라고 말한다(164). 하지만 실제로 증명한 것은 없다. 그냥 한 사람의 죽음이었을 뿐이다. 반면에 하나님의 아들 예수 그리스도는 무죄한 자신의 죽음을 통해, 죽음에 짓눌리고 파멸을 당할 수밖에 없는 인간들을 죽음에서 해방시켰다. 자신의 능력으로 능력을 부여해주어 참으로 자유롭고 영광된 삶을 살 수 있게 해주셨다. 예수 그리스도의 제자들이 명확하게 증거한다. 제자들의 삶과 죽음, 초대교회 순교자들의 삶과 죽음에 대한 기록들은 예수 그리스도의 죽음이 얼마나 놀라운 결과를 낳았는지 명확하게 보여준다. 돌에 맞아 죽어가면서도 맹수의 날카로운 이빨에 찢겨 죽어가면서도 참혹한 고통을 겪고 불에 타 죽어가면서도 기쁨이 충만했다.

붓다가 방법을 보여주고 자기를 본보기로 제시했다면, 예수 그리스도는 변혁을 일으켜 새로운 사람으로 재창조하셨다. 붓다는 '신처럼 와서 신처럼' 열반에 들어가면서 스스로 공덕을 쌓아 뒤따라오라고 말했다고 하지만 여전히 인간이었다. 예수 그리스도는 '인간처럼 와서 인간처럼' 죽어 죄인들의 죄 문제를 영원히 단박에 해결하여 거룩한 백성으로 하나님 앞에 세우신다.

불교는 죽음을 겸허히 받아들이는 수련을 쌓는다. 잘 죽으려는 종교다. 기독교는 그리스도의 십자가 죽음으로 죽음을 죽인 종교다. 복된 생명을 누리게 하는 종교다.

부활은 옛 생명의 연장인가?

36 부활론에 대해

불교는 기독교의 부활은 생존에 대한 집착이라고 말한다.

기독교는 부활은 참 생명의 영원한 승리라고 답한다.

부활은 죽음으로 끝난 생명을 다시 시작하는 것이 아니다. 예수 그리스도의 부활은 하나님의 사랑을 완성하고 완전한 의(義)의 요구를 충족시켜 죽음의 권세에 대해 결정적인 승리를 거둔 대 사건이다. 부활은 참 생명이 파멸적 종말을 뚫고 지나가는 승리이다. 신자들은 예수를 구세주로 믿는 믿음으로 말미암아 이 부활에 동참한다. 승리에 동참한다.

불교철학은 그 기본에 있어서는 3천 년 전 인도인들의 인식틀을 유지하고 있다. 붓다는 비현실적이며 불합리한 부분을 제거함으로써, 생명 우주 영원 초월 전능 신(神) 등과 관련한 문제들을 외면함으로써, 고대 인도철학을 극복하고자 했다. 그러나 붓다 이후에 많은 시간이 흐르면서, 붓다의 사상은 인도 북부와는 전혀 다른 문명과 조우하게 되었다. 붓다가 외면했던 문제들을 더 이상 외면할 수 없는 시대와 환경이 펼쳐진 것이다.

예를 들면, 기독교의 하나님, 그리고 무한성 전능성 초월성 완전성과 같은 신적 속성들, 완전한 하나님인 동시에 완전한 사람인 구속자 등의 개념은 고대 인도인들이나 근본불교 시대의 불제자들은 상상조차 못했던 것이다. 불교는 이질적인 개념을 만나면 강력하게 저항하기보다는 '습합'이라는 특유의 방식으로 타 종교의 장점들을 끌어들였다. 불교식으로 재해석하여 불교라는 바구니에 담았다. 점점 더 큰 바구니를 마련했다.

그러나 불교의 이러한 방식은 원래의 개념들을 왜곡하기 마련이다. 왜곡된 것들, 이질적인 요소들, 모순을 일으키는 것들에 대해서는 외면했다. 불리하면 보지 않으려 했다. 결국, 있다고 해야 할 것도 없다고 하는 경지에 도달한다. 기독교의 부활사건을 보는 시각도 불교적 인식틀에 포착되는 것들만 보려고 하고, 보이지 않는 것들은 보지 않으려 한다. 이 한계는 변명의 여지가 없다.

B.C. 4세기의 희랍 철학자 아리스토텔레스는 눈에 보이지 않는 것들에 대해 연구했다. 영혼, 빛, 감각과 감각대상, 소리, 기억과 생각해냄, 꿈, 호흡작용 등에 대해 논문을 썼다. 아리스토텔레스의 글들은 2천년 뒤에 발명의 시대를 여는 모태였다.

아리스토텔레스는 '빛'이 파동이라고 생각했다. '빛'에 대해 붓다는 무슨 생각을 했을까? '자외선'처럼 눈에 보이지 않는 빛이 있다는 것을 붓다는 믿었을까? '영혼'의 실재를 믿을 수 없었던, 그래서 영혼의 실체를 고민하지 않았던 붓다는 '빛'의 실체를 고민할 수 있었을까? 붓다는 여호와 하나님이 '빛'을 창조했고 '영혼'을 불어넣어 사람을 만드셨다는 사실을, 그리고 이 사실의 중요성을 이해할 수 있었을까? 붓다는 '죄'라는 것을, 따라서 죄로 물든 영혼이라는 관념을 상상조차 못했다. 다만, 자신이 감지하고 의식할 수 있는 고통 즉, 번뇌에만 생각을 집중했다. 어떻게 하면 번뇌를 끊을까를 생각하다가 영혼도 자아도 없다고 생각하기로 한 셈이다. 그러니 부활에 대해 불자는 당연하게도 다음과 같이 생각한다.

> 불교에서는 인간들이 짊어진 문제는 그가 신이건 사람이건 한 인물의 부활에 따라 해결되고 안 되고 할 사안이 아니라고 가르친다. 다시 말하자면 예수의 부활은 부활이고, 각 개인의 문제는 각 개인이 짊어져야 할 것이다. 단지 예수가 부활했다고 해서 자신의 문제까지 해결될 수는 없

다는 것이다. 기독교의 논리라면 예수의 부활을 믿는 사람은 모든 문제로부터 자유로워야 한다(167).

위 진술은 불교는 생명과 삶에 관련한 중요하고 명백한 진리를 놓치고 있음을 보여준다. 그것은 '연합'의 신비이다. 남자와 여자가 서로 사랑하여 한 몸이 되는, 부모와 자식이 하나가 되는, 그런 하나 됨이다. 아내는 사랑하는 남편이 가족을 위해 모진 추위와 고통을 무릅쓰고 열심히 일하는 모습을 생각하며 눈물을 짓기도 한다. 남편이 일하다가 다치거나 아파서 신음할 때 아내의 마음은 더 심하게 아프다. 자식이 힘들어하면 엄마의 마음은 훨씬 더 힘들다. 아이가 몹시 아프면 차라리 대신 아파주고 싶어 한다. 아이가 죽을 것 같이 아프면 차라리 아이를 대신해서 죽겠다는 것이 부모의 심경이다. 이런 마음들을 집착이요 번뇌이니 끊어야한다는 가르침은 결코 진리에 속한 가르침이 아니다.

어떤 여성이 갓난아기를 안은 채 자동차에 들이받혀 난간 밖 10m 아래로 추락하게 된 사고가 일어났다. 이 여성은 그 위급한 짧은 순간에도 어떻게든 아기를 살리겠다는 마음으로 아기를 가슴에 꼭 안고는 자신의 몸이 땅바닥으로 향하도록 몸을 돌렸다. 이 여성의 몸이 땅바닥에 떨어졌고 그 충격에 정신을 잃었다. 아기는 거의 다치지 않았지만 이 여성은 골반 뼈가 심하게 부서졌고 왼쪽 다리의 무릎 아래쪽을 잘라야 했다.[8] 이 여성은 자신이

심하게 다친 것을 몹시 후회할까? 아이의 생명에 집착하는 잘못을 범했다고 책망해야 할까? 희생정신이 훌륭하니 선업을 쌓았다고 말하면 그것으로 충분할까?

인간의 인식틀은 남편과 아내, 자식과 부모, 연인 등은 무엇인가에 의해 하나로, 하나처럼, 연결되어 있다는 사실을 인정하는 지점까지 도달한다. 감당할 수 없는 빚에 허덕이는 자식의 고통을 부모가 가슴으로 깊이 공감하며 자식의 빚을 대신 갚아주는 것은 현실에서도 얼마든지 있다. 내가 해결할 수 없는 고민거리를, 친구가 기꺼이 나서서 아무 대가 없이 해결해준다면 정말 좋은 일이다. 이런 즐거움과 행복을 추구하지 말라는 종교는 정상일까?

인간은 진정 서로 사랑하여 한 몸처럼 될 수 있다. 창조주는 이렇게 되라고 첫 사람에게 명령한다. 창조주 하나님이 둘이 한 몸이 되라고 명령한 것은 자신이 그렇게 창조했기 때문이다. 인간은 함께 울고, 함께 웃고, 함께 아파하고, 함께 즐거워하게 되는 차원을 넘어 기꺼이 대신 죽어줄 수 있는 차원에까지 도달할 수 있다. 이렇게 되면 참 좋겠다고 모든 사람이 동의할 것이다. 당연히 좋은 것을, 애써 부인하는 종교는 정상적인 종교가 아닐 것이다.

사도 요한은 "우리가 형제를 사랑함으로 사망에서 옮겨 생명

---

8) 이 사건은 2016년 5월 말경 미국 텍사스 주 35번 고속도로에서 일어났다. 이 여성은 23세의 제니퍼 던컨이고, 생후 8개월 된 아기를 탁아소에 맡기러 가던 중이었다.

으로 들어간 줄을 알거니와……그[그리스도]가 우리를 위하여 목숨을 버리셨으니 우리가 이로써 사랑을 알고 우리도 형제들을 위하여 목숨을 버리는 것이 마땅하니라"라고 명령한다(요한일서 3:4-16). 과연 생명에 집착한다면 이렇게 말할 수 있을까? 이것은 희생정신을 가르치는 것이 아니다. 왜냐, 부활 즉, '다시 살아남'이 확실하게 보장되어 있기 때문이다.

결론적으로, 불교는 현실적으로 존재하는 희노애락을 한낱 번뇌, 집착이라고, 부질없는 것이라고 여겨 외면함으로써 본질적인 것을 놓쳤다. 근원으로 파고들며 궁극의 신비에 다가가지 못했다. 따라서 불자가 "불교에서는 부활논리를 생존에 대한 집착과 존재에 대한 결박으로 본다"는 단언은 틀렸다(167). 그리고 "생명은 무명과 업, 번뇌에 의해 조작되어진 허구이며 고통의 출처로, 이를 존재화시키고 영속화시켜야 할 대상으로 보지 않는다"라는 불교의 입장은 거론할 필요도 없는 비인륜적이며 무책임한 주장이다(167).

이적을 갈구하는 것은 부질없는 욕망인가?
37 이적론에 대해

불교는 기독교의 이적을 미혹에 떨어지는 지름길이라**고 말한다.**

기독교는 하나님의 이적과 능력의 종교라**고 답한다.**

예수님은 자신을 위해, 자신의 영달을 목적으로 이적을 행하신 적이 없다. 이적을 행할 권능을 맹렬히 추구하여 얻어낸 것도 아니며, 그 능력을 과시하고 자랑한 적도 없으셨다. 우리에게 이적을 행할 권능을 향유하는 것이 좋다고 가르치신 적도 없다.

사람들은 기독교가 복음서에 기술된 예수 그리스도의 이적 사건을 그대로 믿게끔 만들어 번영한 종교라고 말한다. 불자는 "부처님은 스스로 닦아 얻게 된 신통력으로 외도들을 굴복시키고 사람들로 하여금 부처님에 대한 신심을 일으키도록 하였다"라고 말하고, 예수님의 이적과 붓다의 이적에는 다음과 같은 차이가 있다고 말한다(171-72).

> 첫째, 예수의 능력이 신으로부터 나온다면 부처님의 능력은 자기 수행의 힘에 의해 나온다. 둘째, 예수가 자신이 신의 아들이라는 사실과 신의 나라가 임박했음을 알리기 위해 능력을 행사했다면 부처님은 상대방을 올바른 길에 들어서게 하는 방편으로만 능력을 행사했다. 셋째, 예수만 이적을 보인 데 비해 부처님은 그 제자들에게도 이적을 나타낼 수 있는 능력을 가르쳐주셨다. 넷째, 예수가 이적 능력으로 사람들을 끌어들였지만 부처님은 이적 능력을 앞세워 사람들을 설득하지 말라고 했다.······마지막으로 중요한 것은 예수가 아무리 이적 능력을 갖추었어도 부처님처럼 번뇌가 다한 누진통의 능력을 갖추지 못했다.

그리고 결론적으로, 다음과 같은 진술로 마무리한다.

> 불교는 이적 현상을 크게 부각시키려 들지 않는다. 그것은 신통을 보이는 것이 인간들이 진리에 접근하는 데 크게 도움이 되지 않고 오히려 미혹에 떨어뜨릴 우려가 있다고 보기 때문이다(172).

불자의 위 진술의 의미를 분석하여 간략하게 답할 필요가 있다. 그러나 먼저, 언급할 것이 있다. 이적은 능력이 비상하게 크기 때문에 일어난 엄청난 사건이 아니다. 자연법칙으로 설명될 수 있는 사건은 이적이 아니다. 비법이나 기막힌 장치를 통해 일으킨 사건도 이적이 아니다. 피조물이 자연 그대로의 능력으로 할 수 없는 것을 해낼 때 이적이라고 한다. 예수께서 물 위를 걷거나 소경의 눈을 뜨게 하거나 죽은 자를 살린 것은 어떤 자연력으로 해내거나 자연인이 해낼 수 있는 일이 아니기 때문에 이적이다.

예수 그리스도의 이적 능력은 신통력이 아니다. 신통력은 자연인이 어떤 신과 통해서, 신이 능력을 빌려줘서 갖게 된 능력이라는 뜻에 가깝다. 도를 잘 닦아서 도통하면 얻게 되는 도력이나 신선도를 잘 연마해서 신선이 되어 갖는다는 그런 능력은 결코 예수 그리스도의 이적 능력에 비할 것이 못된다. 기독교는 신통력을 추구하지 않는다.

이제 불자의 진술에 대해 언급하겠다.

첫째, 능력의 출처는 그 출처의 본질을 증명한다. 기적을 일으키는 것이 신이라면 신은 실존한다. 예수님이 기적을 일으켰다는 것은 예수님이 하나님이라는 증거이다. 그러므로 전능한 하나님은 실제로 존재한다. 능력이 붓다가 아니라 수행에서 나왔다면 붓다는 능력자가 아니다. 불교에서는 어떤 사람도 능력자가 되지 못한다.

둘째, 예수님은 사람들을 하나님의 나라에 들어가게 한다. 붓다는 길만 알려줄 뿐 도달하게는 못한다. 능력자가 아니기 때문이며, 그럴 능력도 없기 때문이다.

셋째, 붓다는 이적을 나타낼 수 있는 능력을 가르쳤다. 하지만 예수님은 이적을 일으킬 능력을 제자들에게 가르치지 않으셨다. 다만, 능력을 부어주셨다. 그래서 베드로는 중풍병자를 고쳐주고 죽은 여자를 살렸다(사도행전 9장). 바울도 각종 이적을 행했다. 심지어 바울의 손수건을 얻어다가 병자에게 얹어주니 병이 나았다(사도행전 19장). 독사가 바울의 손을 물었으나 바울은 아무런 해를 입지 않았고, 사람들은 바울을 신이라고 경배하기까지 했다(사도행전 28:3-7).

넷째, 예수님은 인기를 얻기 위해, 자신을 위해, 이적 능력을 사용하신 적이 없다. 하나님의 영광을 나타내고, 사람들의 문제를 해결해주셨을 뿐이다. 예수님의 이적 능력을 목격한 사람들이 예수님을 왕으로 삼고자 몰려들었으나 예수님은 이런 사람들을 피하셨다.

다섯째, 붓다가 이적 능력을 가졌고 해탈했더라도 붓다는 능력자가 아니었고 오직 자신의 번뇌만을 해결했을 뿐이다. 그러나 예수님이 행한 이적들은 예수님의 본성 그 자체에서 나왔다. 예수님이 이적적인 존재 즉, 하나님이셨기 때문에 이적을 일으키셨다. 예수님이 이런 능력을 보여준 것은 예수를 믿는다는 것이 무엇이며, 예수의 말씀이 어떤 것이며, 예수님의 이름을 부를 때 어떤 일이 일어나는지를 우리에게 깨우쳐주기 위함이다. 예수 그리스도에게서 우리의 구원이 나온다.

　석가모니와 원시불교가 이적을 터부시하고 이적을 추구하지 말라고 가르치고, 이적 현상을 부각시키지 않으려는 것은 지극히 당연했다. 불교는 생명과 존재를 무의하게 보고 모든 인연을 끊고자 하는 염세주의 철학이며, 수행이기 때문이다. 그러나 기독교는 이적의 종교이다. 하지만 이적 현상을 본질로 간주하는 것과 적극적으로 추구하는 것을 옳지 않다고 본다. 이적을 목적으로 삼지도 않고 결정적인 수단으로 간주하지도 않는다. 기독교는 계시의 종교이고 말씀의 종교이기 때문이다. 말씀과 성령이 임하여, 하나님을 경외하고 경배케 하고 그 결과로, 인간 존재와 인격에 변화가 일어나, 복되고 거룩한 삶을 살게 되는 것을 바람직하게 여기기 때문이다. 영원히 파멸되어야 마땅한 죄인이 구원을 받는 것도 거룩한 백성이 되는 것도 날마다 성령의 인도함을 받고 은혜를 체험하는 것도 이적이다. 기독교인은 날마다 이적을 체험한다.

　불교는 인간들의 종교, 즉 자연종교일 뿐이다. 기독교는 하나님의 종교이며 하나님이 베풀고 인도하고 사람은 이끌림을 받는 종교다. 그러므로 기독교는 날마다 이적을 살아가는 종교다.

삶을 슬픔으로 받아들여야 하는가?

38 소생론에 대해

불교는 죽은 자를 소생시켜봐야 부질없다**고 비판한다.**

기독교는 참되고 완전한 생명의 종교라**고 답한다.**

삶은 기회이며 생명의 삶은 행복이다. 주 하나님께 가까이 다가가 주의 뜰에서 사는 자는 진정 복된 삶을 사는, 행복한 사람이다.

신약성경 마가복음 5장에는 '야이로'라는 사람이 예수께 와 엎드려 자신의 죽어가는 딸을 살려달라고 간청한 사건이 나온다. 예수께서는 이 사람의 간청을 책망하지도 거부하지도 않았다. 야이로의 집으로 향하던 중에, 야이로의 집에서 사람들이 와서 야이로에게 당신의 딸이 죽었으니 더 이상 예수님을 괴롭히지 말라고 말해줬다(마가복음 5:35). 그러나 예수님은 오히려 야이로에게 "두려워 말고 믿기만 하라"라고 격려하시고 소수의 제자들만 데리고 야이로의 집으로 가서 그 죽은 딸을 '아이야 일어나라'라는 말씀으로 다시 살려주셨다(마가복음 5:41).

불가(佛家)에는 고타마 붓다와 키사고타미 일화가 전해진다. 인도 코살라 국(國)의 수도(首都) 슈라바스티에 유복하게 살던 여인 '키사고타미'가 있었다. 어느 날 갑자기 키사고타미의 외아들이 죽었다. 그러자 붓다를 찾아와 죽은 아들을 살려달라고 간청하자 붓다는 "슬픔은 아들의 죽음에 있는 것이 아니고 아들에 대한 집착과 존재에 대한 결박 때문"이며 "나고 죽는 길과 그것으로부터 벗어나는 길은 알아도 죽은 사람을 직접 살리는 능력은 지니고 있지 않다"라고 말했다(175).

이 두 일화는 예수 그리스도와 고타마 붓다, 기독교와 불교의 차이를 결정적으로 보여준다. 예수 그리스도는 회당장의 죽은 딸을 살려줬다. 이 사건을 보도하는 성경의 원 문맥에 따르면 사람들은 장례를 치를 준비를 했고 예수께서 아이의 죽음을 받아들이지 못한다고 조롱했다. 붓다는 키사고타미의 죽은 외아들을 살려주지 못했다. 붓다가 키사고타미에게 처음에는 거짓 희망을 갖게 만들었고 죽은 아들을 살려달라고 매달리는 것이 헛된 짓이라고 스스로 결론 내리게 했다. 붓다는 키사고타미가 외아들을 여읜 슬픔과 절망을 삭히도록 시간을 주었을 뿐이다. 붓다 자신도 자신은 죽은 사람을 살릴 능력이 없다는 것을 알았다. 이 명백한 사실 앞에서, 불자는 다음과 같이 주장한다.

> 불교에서는 누구도 죽음을 막을 수 없으며 죽은 자를 소생시킬 수 없다고 본다. 또 설령 예수처럼 죽은 자를 소생시키는 능력을 지니고 있다 할지라도 불교에서는 큰 의미를 부여하지 않는다. 부처님은 죽음을 해결하는 법은 육체의 재생이나 부활에 있지 않다고 보았다. 오직 존재와 비존재에 대한 갈망과 집착을 파괴했을 때 죽음의 문제는 해결된다고 가르쳤다(175).

이 주장에 대해 기독교는 다음과 같이 답변한다.

첫째, 생명의 창조주는 죽음을 막을 수 있다. 창조주가 생명을 소환하면 죽음은 중단된다.

둘째, 생명의 창조주가 생명을 완전케 하면 완전한 생명이 가능하다.

셋째, 죽음은 문젯거리가 아니다. 생명의 창조주와 우리가 어떤 관계를 맺느냐가 문제다.

생명과 생명의 창조주를 알지 못하는 종교는 '죽음' 밖에 모른다. 죽음을 결코 피할 수 없으니 생명과 삶에 대한 본능을 부질없는 것이라고 치부하면서 초연한 태도를 함양하기 위해, 삶의 기회를 소비한다. 생명과 생명의 창조주를 모르니 죽음의 실상도 모른다. 그저 죽음이 찾아오기를 기다릴 뿐이다. 아래에 인용한, 불자의 말을 보자.

> 예수의 소생 이적은 죽음에 대한 슬픔과 번민을 연장시켜 준 것이지 해결시켜 준 것이 아니기 때문이다. 야이로의 딸은 또 한 번 죽어야 하고 그들의 이별은 다시 찾아온다(175-76).

이러한 진술은 기독교 입장에서는 정말 납득하기 어려운 말이다. 왜냐,

첫째, 불교 입장에서도 다시 살아난 것은 대오각성하고 불법과 선업을 닦는 데 용맹정진할 기회가 다시 주어진 것이기 때문이다. 기독교 입장에서, 회당장 야이로와 다시 살아난 딸은 예수 그리스도가 어떤 분인지를 체험적으로 알 수 있는, 지극히 특별한 기회를 가졌다. 그런데도 불자처럼 어차피 죽을 것이라는 생각을 고집하고, 되살아난 그래서 다시 살게 된 기회를 부질없는 것이라고 걷어차는 것은 어리석다.

둘째, 예수 그리스도께서 야이로의 딸을 살린 것은 우연 때문도 인연 때문도 아니다. 하나님의 영원한 특별목적 때문이었다. 생명의 주권자를 만났기에 다시 살게 된 인생은 결코 죽음을 두려워하지 않는 복된 삶을 살 것이다. 생명의 구세주가 찾아와서 다시 살려낸 인생이라면 생명의 구세주를 믿음으로 말미암아 영생을 얻을 소망과 기쁨이 넘칠 것이다. 남은 생을 정말 행복하게 살 것이다.

셋째, 그리스도 안에 있는 자들에게는 죽음은 이별이 아니며 결별이 아니다. 그리스도 안에서 하나 됨을, 영원한 희락과 평강과 함께 누릴 것이다. 죽음을 이길 권세를 스스로 취하고 제자들에게도 줄 수 있는 구세주는 일체의 번뇌를 진압하고 제거할 권세가 왜 없을까?

불교는 죽음의 종교이다. 죽음 앞에서 사실상 모든 것을 포기하고 죽음을 죽음으로 철저하게 받아들이기 때문에 생명의 소생을 기뻐하지 않는다. 기독교는 참되고 영원한 생명과 복락의 종교이기 때문에 생명의 소생을 기뻐한다.

완전한 자유를 누리는 삶은 어떻게 오는가?
39 산상설교론에 대해

불교는 예수님의 산상설교는 완전한 자유에 못 미치는 가르침이라고 말한다.

기독교는 산상설교는 완전한 자유에 도달한 자의 모습을 가르친다고 답한다.

예수 그리스도를 믿는 믿음과 순종의 삶을 통해 참되고 완전한 자유를 누린다. 완전한 자유는 죄와 그 파멸적 결과에서 완전히 해방된 사람이 누리는 복된 상태를 가리킨다.

불자는 예수님의 산상설교 특히, 팔복 설교를 "천국에 들어가는 조건으로 인간 심성의 변화와 가치관의 전환을 요구하는 여덟 가지의 가르침"이라고 규정한다(177). 그리고 다음과 같이 말한다.

> 구약시대에는 인간들이 신 앞에 숨을 쉴 겨를이 없었다. 오직 신에게만 잘 보이기 위해 몸부림쳐야만 했다. 인간의 인격보다는 신에 대한 복종만이 구원의 조건이었다. 그러나 이 산상수훈에는 인간이 어떻게 살아가야 하는지 가르치고 그에 따라 신의 축복이 내릴 수 있다고 말한다 (178).

오해다. 하나님은 의지할 데 없는 고아와 과부의 하나님이시다. 속절없이 빼앗기고 짓밟힌 천민들의 하나님이시다. 뜨거운 사막을 걷느라 지칠까봐 구름으로 햇빛을 가려주시고, 깊은 밤의 한기에 떨까봐 불기둥으로 따뜻케 하신 분이다. 가난한 자가 자신의 겉옷을 저당 잡히고 덮을 것 없어서 떨며 밤을 보내야할 것 같으면 채권자에게 그 겉옷을 돌려주라고 명령하신 분이다. 이런 하나님의, 이런 율법체계가 답답하고 숨이 막힌다고 야단하는 인간은 어떤 부류일까? 틀림없이 뭘 모르거나 거듭남을 경험하지 못한 사람들이다. 보통 인간들은 이런 하나님의, 이런 율법체계 아래에서 서로 사랑하며 행복하고 편안한 삶을 살 수 없을까? 구약성도들은 이런 삶을 살았다. 이런 하나님을 경외하며 하나님의 은혜와 사랑을 받는 사람들은 육적 괴로움, 실패, 번민에 무너지고 방황했을까? 전혀 그렇지 않다고 구약성경이 증거한다. 히브리서 11장에 줄줄이 열거된 인물들이 바로 그 증인들이다.

예수님의 팔복 설교는 어떻게 살아야 복을 받느냐가 아니라 정말 '복을 받은' 사람이라면 어떤 삶을 살고 있어야 하느냐를 분명히 보여줄 취지였다. 자신의 삶을 돌아보아 이런 모습이 나타나지 않는 사람은 지금까지 잘못 살아왔다는 숨길 수 없는 증거라는 것이다. 착각하지 말라는 뜻이다. 자신은 율법을 따라 살았다고 자처하겠지만 전혀 그렇지 않다는 판결이다. 정말 율법을 올바로 준수하며 살았다면 이런 모습으로 살고 있어야 옳다는 뜻이다. 그런 왜 이런 식으로 말씀하시는가? 예수님은 '자, 앞으로는 이렇게 삽시다'라든지 '이제는 이런 삶이 가능하다'라고 말씀하시지 않으신다. 이런 삶은 이미 가능했다는 식으로 말씀하시는 것이다. 벌써 이런 삶을 살고 있어야 했다.

이런 모습이 없다는 것은 하나님을 거짓으로 섬긴 즉, 하나님을 참으로 경외하지 않은 탓임을 깨달아야 한다는 뜻이다. 그러니 바로 지금 회개해야 한다. 당장 회개하고 이 여덟 가지 모습을 살아내야 천국에 간다가 아니다. 정말이지, 하나님의 아들 주 예수 그리스도를 믿으라는 것이다. 주 예수 그리스도를 믿으면 이렇게 살게 된다는 뜻이다.

하지만 불자는 이 취지를 깨닫지 못한다. 그래서 예수님의 산상설교와 붓다의 설법인 〈연소경(燃燒經)〉을 비교하면서 다음과 같이 말한다.

> 예수는 부처님처럼 세계와 인간의 실상을 파악하려는 의도는 없어 보인다. 구원에 이르는 길도 당연히 신이 창조한 세상 속에서 이루어진다. 기독교의 관점에서는 세상과 자신의 구조를 자세히 알 필요는 없다. 구원은 신에 의해서 이루어지기 때문이다. 그러나 부처님은 무엇보다도 인간의 문제를 해결하기 위해서는 자신과 세상의 본질이 무엇인지 자세히 알아야 된다고 보았다. 불교의 관점에서는 자신과 세계는 타오르는 불과 같기 때문에 벗어나야할 대상으로 본다(179-80).

맞다. 예수님은 세계와 인간의 실상을 파악하실 의도가 없으시다. 그럴 필요가 아예 없다. 왜냐, 전지전능한 하나님이셨기 때문이다. 세상과 인간을 자신이 창조하셨고 통치하시기 때문이다. 세계의 어떤 것도 하나님의 눈을 피하지 못한다. 전지전능한 창조주가 구속주이시다. 생명의 창조주가 죽음의 권세를 깨뜨리고 새 생명을 부어주신다.

그러나 붓다는 창조주도 아니고 신도 아니다. 따라서 불자의 말대로, 자신이 처한 세상을 알아야 한다. 배워야 한다. 그러나 자연인이 아무리 머리가 좋더라도 공부를 통해서 세상과 인간의 실상을 얼마나 깨우칠 수 있을까? "자신과 세계는 타오르는 불과 같기 때문에 벗어나야할 대상으로 본" 것은 옳다. 그러나 왜 그런지를 어찌 알겠으며, 어떻게 벗어날지를 어찌 알겠는가? 방법을 알아낸다고 해도 한낱 인간이 어떻게 성취해낼 수 있을까? 불가능하다.

자신이 어떤 비참한 운명에 처했는지를 깨달았다고 해서 그 깨달음이 그 운명을 바로 잡아주지 않는다. 구원받을 방법을 정확하게 찾아낸다는 것과, 구원을 성취하는 것은 전혀 별개이다. 불교는 스스로의 깨우침을 통해 방법을 찾으려는 철학이라면, 기독교는 구속주가 성취한 것을 거저 선물로 주고, 신자는 그 선물을 믿음의 손으로 움켜쥐고 향유한다.

불교는 타오르는 불에 갇혀있는 그래서 벗어나려는 종교다. 기독교는 타오르는 불을 안전하고 완전하게 통과하는 참 생명과 참 자유가 있는 종교다.

구세주는 왜 세상에 다시 오실까?

40 재림론에 대해

불교는 예수 그리스도의 재림을
윤회의 사슬에 묶인 끔찍한 형벌이라**고 말한다.**

기독교는 예수 그리스도의 재림사건은
기독교의 본질적 특성이라**고 답한다.**

하나님께서 약속하신 영원한 구원을 완성하고 신자들을 영원한 하나님 나라로 이끌기 위해 다시 오신다.

불자는 죽음에 대한 언급으로 이 주제를 연다. 그리고 즉각적으로 죽음과 종교를 결부하여 언급한다. 이 언급 가운데 종교에 대한 불교식 정의가 나타난다. 아래와 같다.

> 죽음은 존재의 끝이며 세상과의 이별이다. 아무리 잘나고 똑똑한 인간이라도 죽음 앞에서는 무기력할 수밖에 없다. 많은 사람들이 종교에 귀의하는 것도 종국에는 죽음에 대한 공포와 절망감으로부터 벗어나기 위함이라고 할 수 있다(181).

> 종교란 믿음에 따라 사실로 받아들일 수 있고 허구로 받아들일 수도 있다(182-83).

이 두 인용문으로부터 다음과 같은 사실들을 간파하는 것은 필자의 과잉일까?

(첫째,) 불교는 죽음 앞에 무기력한 인간의 인간적인 몸부림이다.

(둘째,) 불교는 죽음의 실체를, 그리고 죽음을 겪어야할 자아의 실체를 부인함으로써 죽음의 공포와 절망감으로부터 벗어나려는 종교이다.

(셋째,) 불교에서 믿음은 그 대상의 사실성을 무시한다. 그리고 믿고 싶은 대로 믿는 주관성을 믿음과 진리의 기준으로 삼는 종교이다.

이에 대비해서 기독교의 특성을 목사는 다음과 같이 정리하여 답한다.

첫째, 세상에 오신 하나님을 통해 하나님을 경배하는 종교이다.
둘째, 종교적 진리는 영원하고 절대적인 진리와 계시가 사람의 머리와 가슴 그리고 삶에서 메아리친 것이다.
셋째, 종교는 믿음과 상관없이 진리이고, 계시에 부합해야 한다.
넷째, 죽음은 존재의 끝이 아니다. 잠시 멈춤이되 기회의 끝이다.

불자의 말처럼, 예수 그리스도의 재림은 "믿는 자들에게는 더 없는 영화와 축복이겠지만 반대로 불신자들에게는 가장 끔찍한 저주이며 형벌이다"(182). 맞는 말이다. 예수의 재림은 세계의 종말이며, 인류에게 주어진 기회의 종결이며, 그 후로는 하나님의 심판과 영원한 파멸이 있다. 예수 그리스도의 재림은 역사적 사실이며 전능한 하나님의 분명한 약속이다. 그러나 재림사건은 불자의 생각과는 달리, 신자의 소원을 성취해주기 위함이 아니다. 인류를 구원하겠다는 하나님의 원대한 구상을 하나님 자신이 완성하는 대사건이다. 너무나 다행스럽게도, 하나님의 계획은 그 어떤 인간의 바람보다도 비할 수 없이 뛰어나고 멋지다.

재림은 기독교인들이 발명하고 소원을 품어 만들어낸 사건이 아니다. 재림은 소망 없는 인생이 꿈꾸듯 그려낸 환상이 아니다. 하나님의 구상이며 약속이다. 이스라엘의 구속자가 세상에 오셨고 십자가 구속사건을 성취하고 하늘로 올라간 것처럼 하늘에서 땅으로, 다시 강림하실 것이다. 그리고 성도들을 완전히 거룩하게 완성시켜 하나님 나라로 이끌어 가실 것이다. 불교는 세상은 무의미하고 목적없이 반복된다고 여기지만 기독교는 세상에 의미를 찾아주고 목적을 보여주고 완성시켜준다.

그러므로 우리는 붓다의 말에 따라 "육체와 정신을 신의 소유물이라거나 자아의 소유라고" 생각해서는 안 된다. 더욱 중요한 것은 육체와 정신의 주체인 인간에게 있는 행위주체성과 책임이다. 어떻게 살았느냐에 대해 결산해야 한다. 하나님의 아들 예수 그리스도를 믿음으로 말미암는 열매를 맺었느냐에 대해 심판을 받아야 한다. 그 책임을 최종적으로 결산하는 때가 온다. 그 날은 속히 온다. 그 날은 바로 예수 그리스도께서 재림하시는 날이다. 재림사건이 일어나고 세상역사가 종말을 고하더라도 인간의 존재성과 인생에 대한 책임은 그대로 남는다. 대심판을 지나 영원히 연속되고, 불신자의 형벌 즉, 괴로움은 중단없이 계속된다.

붓다의 말처럼 "인간이 나고 죽는 법칙도 인간 자체에 숨겨져 있"다고 생각할 수도 있으나 분명코 나고 죽음을 주관하는 것은 창조주 하나님이시다. 실재하는 창조주 하나님을 경외하지 않고, 구속주 예수 그리스도를 믿지 않고 죽는 인간은 생전에 얼마나 수도정진했고 얼마나 지혜롭고 얼마나 위대했든지 간에 그저 한낱 인간으로 죽는다. 업을 아무리 많이 쌓았어도 죽는 것은 매한가지인 것처럼 육신으로 태어난 것처럼 육신으로 죽는다. 죄를 씻지 못했고, 죽음의 권세를 깨뜨리지 못했고, 스스로 죽음을 이기고 부활하지 못했다면 영생의 소망이 없는 죽음을 죽기 때문이다.

불교는 존재의 완전한 소멸을 통해 죽음에서 벗어나기를 꿈꾸는 종교다. 죽음의 공포를 마음에서 지우기를 끊임없이 애쓴다. 그러나 기독교는 하나님으로부터 생명을 선물로 받아 영원히 누리는 종교이다. 어둠이 빛을 이길 수 없듯이 죽음은 생명을 이기지 못한다. 그래서 기독교는 부활의 종교이며 예수 그리스도의 재림을 기다리는 종교이다.

신비체험은 과연 덧없는 것일까?
41 신앙체험론에 대해

불교는 신비체험을 경계의 대상이라**고 말한다.**

기독교는 하나님이 주시는 대로 받는다**고 답한다.**

신비체험은 억지로 추구할 것이 못 된다. 하지만 하나님께서 주시는 특별한 목적 때문에 주시는 신비체험은 의미가 있다.

불자는 신앙체험의 여러 현상에 대해 "인간의 마음 안에는 본래부터 신비한 체험을 할 수 있는 여러 가지 능력을 구비하고 있다고 본다. 사람들이 어떤 종교적 가르침에 사로잡히고 그 가르침대로 기도를 하거나 수행을 하면 그 가르침에 입각한 갖가지 일들(奇特相)이 나타난다"라고 전제하고, 기독교의 신앙체험을 "기독교인들이 그들의 신 하나님으로부터 받는 영적인 은혜나 은총을 직간접적으로 알고, 보고, 느끼는 것이다"라고 규정한다(185).

여기에서 불자가 염두에 둔 신앙체험은 신비체험이다. 불자는 인간의 마음은 신비체험을 할 능력이 본래부터 존재하고 따라서 신앙생활을 추구하면 신비한 현상을 경험하게 된다고 전제한다. 불자는 신비체험은 신자의 내면에서 자연스럽게 발생하는 종교현상이라고 판단한 것이다. 그런데 기독교의 신비체험에 대해서는 "하나님으로부터 받는 영적인 은혜"가 원인이고 신자는 하나님이 주신 은혜를 지각하고 인식하는 것이라고 인정한다.

불자의 정의와 설명에 따르면, 초두에서 불자가 전제한 신비체험은 그 발생원인이 인간 내부에 있지만 기독교인의 신비체험은 외래적(外來的) 원인 때문에 일어난다. 즉, 하나님의 능력을 그 개인이 지각하는 것이다. 신비체험은 하나님과의 관계에서 오는 것이다. 이렇게 볼 때, 불교도의 신비체험은 종교적 수행과정에서 자연히 일어나는, '현상'에 불과한 것이니 무시해도 상관이 없다.

아니, 불가수행의 목적에 오히려 방해가 되니 오히려 '억제'해야 한다. 그러나 후자의 경우라면, 하나님이 주시는 특별한 은혜이고 하나님께서 역사하신 결과이니 거부할 필요도 거부할 수도 없다.

불자는 기독교의 신비체험이 성령이 뜨거운 불처럼 임하는 것부터 "예배 도중에 괴성을 지르고 몸을 흔들며 울부짖는 것 등 여러 가지 현상"이 있으며, 기독교 내부에는 이러한 현상에 반대하는 이들도 있다고 소개한다(186). 그러나 이러한 반대는 신비체험의 성격에 대한 이해가 다른 탓이고, 무엇보다도 그 신비체험이 하나님에게서 오는 것인지 아니면 인위적인 것인지, 타인의 신앙생활에 유익을 줄 수 있는 것인지 등에 대한 논란임을 먼저 이해해야 한다.

다시 말하자면, 신비체험은 성령의 은혜를 받았다는 징표이니, 하나님으로부터 남달리 특별한 사랑을 받았다는 의미로 해석되기 십상이다. 신자는 성령의 은혜를 사모해야 하는데, 성령의 임재와 내주(內住) 자체가 아니라 외적으로 나타나는 증표를 손에 쥐기를 갈망하는 잘못된 경향, 타 신자에 대한 경쟁심리에 빠질 위험이 크다.

반대자들은 신비체험, 신앙체험의 의미와 실재성에 반대하는 것이 아니다. 본질이 아니라 외적 징표와 과시, 하나님의 은혜와 인격적 변화 그리고 삶에서 맺는 결실들이 아니라 체험적 현상들에 치우치지 말라는 취지이다. 나무가 건강하여 줄기에 자연스럽게 열매가 매달리는 것은 좋지만 열매를 주워다가 억지로 나무에 매다는 것은 거짓이라는 뜻이다. 원인은 결과를 낳고 현상을 일으키지만, 모든 현상 즉, 결과로 무분별하게 원인을 판단하지 말라는 뜻이다.

불자는 기독교의 신비체험에 대해 다음과 같이 오해한다(185-86).

> 기독교가 사람들에게 단순히 교리나 가르치고 기도나 하게 했다면 지금과 같은 강한 세력을 갖지 못했을 것이다. 신앙체험이야말로 오늘날의 기독교를 이만큼 부흥시켰다 해도 과언이 아니다……기독교인들은 신앙체험을 통해 신의 존재를 확신할 뿐만 아니라 성서의 모든 가르침에 거짓이 없다는 사실을 수용한다.

이 인용문에 깃든 오류를 다음과 같이 바로잡을 필요가 있다.

첫째, 기독교는 창조주의 종교이며 계시종교이며 생명의 종교이다. 창조주의 말씀은 진리이며 능력이다. 하나님 말씀이 임하고 성령이 은혜를 베풀며 능력으로 역사할 때, 부흥이 일어난다. 기독교의 강력함은 살아계신 전능한 하나님을 참으로 경외함에 있다.

둘째, 사람이 인위적으로 일으키는 불은 한계가 있고 결국 꺼진다. 그러나 성경의 가르침과 성령의 역사는 전혀 다르다. 성경의 모든 가르침을 믿고 확신에 거하면, 완전한 구원에 이르는 지혜를 얻고 인격과 행함에 완전함을 얻는다(디모데후서 3:14-17).

　불교는 기독교의 신앙체험 혹은 신비체험을 미혹의 소산이라고 평가한다. 그러나 기독교는 신비의 종교이다. 신비한 현상 자체를 목표로 삼지도 않고 신비현상에 대한 체험을 절대시하지 않는다. 다만, 하나님이 주실 때는 받고, 미혹을 멀리하고 가짜를 분별한다.

하나님의 나라와 사람의 나라는 충돌하는 것인가?

42 선교론에 대해

불교는 기독교의 전도를 신의 나라를 완성하기 위한 수단이라고 말한다.

기독교는 올가미를 풀어주기 위해 세상 속으로 들어가는 것이라고 답한다.

본질적으로 하나님의 나라와 사람의 나라는 충돌하지 않는다. 차원이 완전히 다르다.

불자는 기독교는 "인류의 역사에 가장 큰 영향력을 끼친 종교"라고 인정한다(190). 그리고 이러한 결과는 "민족과 문화의 차별 없이 모든 사람이 영원한 구원을 통하여 하나님의 영광"을 도모하기 위해 기독교 교리를 전파한 탓이라고 말한다(191). 이 주제를 시작한 불자의 말을 살펴보자.

> 종교의 생명력은 선교와 포교에 있다 해도 과언이 아니다. 아무리 뛰어난 교리를 갖추고 있는 종교라 해도 선교와 포교를 하지 않는다면 얼마 못 가 스러지고 만다. 종교의 전파력은 그 종교를 둘러싸고 있는 정치 경제 사회 문화 등과 결코 무관하지 않기 때문에 교리의 위대성만 가지고는 강해지지 않는다. 하지만 교리가 위대한 종교는 그만큼 사람들로 하여금 믿게 할 수 있는 전파력이 강하기 때문에 교세 확장에 따른 지배력이 높아진다고 할 수 있다(190).

불자의 이 말을 다음과 같이 바로잡아 정리할 수 있다.

첫째, 종교의 생명력은 종교 그 자체에 있다. 사람이 만들고, 사람이 빚어낸 종교는 사람이 줄 수 있는 것만 준다. 도움과 위안을 줄 수 있지만 세상과 죄악으로부터의 구원은 못 준다. 기독교는 창조주 하나님의 종교이다. 전능한 하나님이 사람에게 다가와 사람을 하나님 자신에게로 이끄는 종교이다. 하나님은 죄인을 자녀로 삼아 변화시키고 모든 것을 베푸신다. 참된 생명을 주시고 완전한 삶으로 이끄신다.

둘째, 기독교의 교리는 학자의 논문이나 서책에 적힌 글자가 아니다. 하나님의 가르침이 신자의 영혼을 채우는 강력한 울림이 되고 신자의 삶과 행실을 통해 열매로 나타나는 것이다. 교리는 하나님 말씀을 깨달은 것이며 지성과 마음을 올바르게 세우는 것이며 삶의 바른 지침이다. 그러므로 기독교의 바른 교리는 그 자체로 위대하다. 참 생명을 전하는 위대한 전파력을 갖는다.

셋째, 교세는 지배력이 아니다. 장악력이 아니다. 교세는 불의에 대한 저항력이다. 하나님이 기뻐하시는, 사랑과 정의의 나라를 만드는 힘이다. 이것이 하나님의 영광에 더 부합하는 더 큰 목적이다. 교인 수와 예배당 수의 증가와 평면적 확장은 외면적이며 피상적이며 따라서 그 자체로는 의미가 거의 없다. 이 때문에 기독교는 불의한 권력에 의해 탄압을 받았다. 사악한 문화로부터 외면당하고 공격을 받았다. 불의한 권력과 안일함에 빠진 기독교가 되기도 했지만 결코 죽지 않고 다시 일어나 사회와 문화를 변혁시켰다.

기독교는 사람들을 하나님께 데려가는 것을 궁극적 목적으로 삼지 않는다. 하나님이 사람에게 내려오셨고 이미 사람들과 함께 거하신다. 사람을 거룩하고 완전한 존재로 변화시키고 놀라운 삶을 살게 하시고 사회를 변화시키는 것이 훨씬 더 큰 목적이다. "음행과 온갖 더러운 것과 탐욕"을 이름조차 부르지 않고 "모든 착함과 의로움과 진실함"으로 행하고, 남편과 아내의 사이일지라도 주인과 종의 사이일지라도 "그리스도를 경외함으로 피차 복종"하는 사람으로, 하나님 앞에 세우는 것이 더 큰 목적이다(에베소서 5:3, 9, 21).

이 목적을 수행하는 모든 과정을 하나님은 자신의 전능한 능력으로 스스로 해내실 수 있다. 말씀 한 마디만으로도 눈짓 한 번만으로도 이 모든 것을 단박에 완성할 수 있으시다. 그러나 하나님은 이렇게 하지 않으셨다. 그래서 불자는 기독교의 행적에 대해 다음과 같은 의문을 품는다.

> 이해가 안 되는 점은 전지전능한 신이 직접 자신의 능력으로 한꺼번에 세상의 모든 일을 해결하면 될 것을 왜 이토록 어렵게 일을 도모하고 있을까 하는 것이다. 타락할 인간을 창조하고, 형벌을 주고, 아들을 내려보내고, 십자가에 못 박혀 죽고, 부활하고, 전도하고 심판하는 등 전지전능하다는 신이 하는 일이라 하기엔 전혀 어울리지 않는다(191-92).

이 주장에 대해 기독교는 다음과 같이 간략하게 해명한다.

첫째, 전능한 하나님은 저 크고 위대한 일을 홀로 행하지 않기도 하셨다.

둘째, 전능한 하나님은 자신의 위대한 일에, 지극히 미천한 인간을 동참시키기로 하셨다.

셋째, 전능한 하나님이 저 거룩하고 위대한 일의 모든 과정에 인간과 함께 하셨다.

기독교의 구원은 전능한 하나님이 주도권을 갖고 성취하고 세상의 어떤 권세도 막거나 저항하지 못할 능력으로 적용되는 것이다. 하지만 선교는 바로 위에서 열거한 것처럼, 하나님과 인간의 동행길이다. 죄인이 하나님의 자녀로 입양되는 기적을 하나님이 사람과 함께, 사람을 통해 확장하는 것이다.

이런 점에서 붓다가 자신은 "하늘나라의 올가미와 인간의 올가미 그 모든 올가미로부터 벗어났다"라고 말하면서 제자들에게 "홀로 길을 떠나되 처음도 훌륭하고 중간도 훌륭하고 끝도 훌륭한 내용을 갖추고 형식이 갖추어진 법을 설하라. 지극히 원만하고 청정한 거룩한 삶을 실현하라"라고 말한 것과 극명하게 대비된다(194). 불자 자신이 붓다가 전교를 위해 제자들을 파송한 것과 예수 그리스도가 제자들을 파송한 것을 직접적으로 비교했다(194-95). 그러나 어떤 비교도 무의미하다.

본질적으로, 불교는 이웃에게 해주는 것이 없다. 올가미에 걸린 짐승에게 그 올가미에서 벗어나라고 말해줄 뿐이다. 불제자는 이렇게 말해주기 위해 세상을 돌아다닌다. 예수의 제자는 올가미를 벗겨주기 위해, 짐승을 풀어주기 위해, 영원한 행복의 나라에서 자유롭게 살도록 하기 위해, 능력의 복음을 전한다.

불교는 세상을 버리고 등지는 종교다. 기독교는 세상을 변화시키는 종교다.

역사란 목적도 주관자도 없이 다만 굴러가는 것일까?

43 역사완성론에 대해

불교는 기독교의 하나님은
자신의 영광을 위해 역사를 운행한다**고 말한다.**

기독교는 하나님은
자신이 완성한 영광 속에 죄인을 동참시킨다**고 답한다.**

역사의 주관자는 하나님이시다. 하나님께서 자신의 영광된 목적을 향하여 세계를 이끌어 가시는 그 궤적을 우리는 역사라고 부른다.

불자는 세계와 역사(歷史)는 목적 없이 무한하게 흘러가며 그 자체도 윤회한다는 취지로 다음과 같이 말한다.

> 세상의 역사에는 뚜렷한 목적이 없다. 언제 종말이 올지는 모르지만 역사는 그냥 흘러가고 있을 뿐이다(197).

> 불교에서 역사는 중생들의 업에 의해 조성되는 것이며 업의 영향 속에서 그 흐름이 진행되는 것이다. 종말도 중생에게는 존재하지 않는다고 본다. 그런 점에서 불교의 역사는 원형적이고 무한한 성격을 띠고 있다. 이 세계는 끊임없는 생성과 소멸의 반복이며 완전한 끝은 오지 않는다(199).

불교의 세계관, 역사관은 지독하리만치 무기력과 염세주의로 무장되어 있다. 생명과 삶에 대해 일체 의미를 찾지 못하고 허무주의로 결론을 내릴 수밖에 없게 만든다. 거대한 자연과 세계에 압도된 개인이 자신의 나약함과 절망감에 사로잡혀 세계와 역사는 정말로 무의미(無意味)하고 무목적(無目的)이라고 결론 내리고 세계를 등진 것은 아닐까 하는 의심을 지울 수 없다.

어떻게, 세계가 목적도 없이 생성소멸을 영원히 반복한다고 생각할 수 있을까? 모든 존재는 수명이 있어서 생멸을 한다면서 연기의 법칙, 윤회의 법칙은 조금도 약화되지 않고 조금도 빈틈없이 완벽하게 작동하는가? 영원한 것은 없는데, 법칙은 어떻게 영원하며 세계는 어떻게 목적도 없이 흘러가는 상태를 영원히 지속하는가? 우주가 소멸된 공겁(空劫)의 장구한 때에 중생의 업은 어디에 머무는가? 영혼, 자아, 생명은 실체가 없는데 세계, 역사, 업은 어떻게 실체가 있다고 확신하는가? 이러한 비존재와 존재를 누가, 어떻게 확증했는가?

불교는 존재하는 모든 것은 인과율에 묶여 있다고 본다. 그렇다면 세계와 역사도 인과율에 매어 있다. 그러므로 불교는 다음과 같이 생각해야 마땅하다.

원인은 시작이며 결과는 끝이다. 결과가 원인이 되기도 하지만 그것은 첫 번째 원인의 원인이 아니다. 또 다른 것의 원인이다. 즉, 인과율이라고 하더라도 마치 두 사람이 서로 마주보고 서서 공을 주거니 받거니 하는 것이 아니다. 내가 받은 공을, 내게 공을 던진 사람에게 던져주고 그는 다시 내게 공을 던지는 것이 아니다.

세상은 너와 나, 단 둘이서만 살지 않는다. 너와 나 이외에도 무수히 많은 사람이 존재하는 것이 세상이다. 이 세계를 존재케 하고, 이 세계의 바로 이 순간에 서로 다른 일을 하고 서로 다른 생각을 하며 각자에게 맡겨진 본분을 행하도록 하는 최초의, 궁극적인 원인자가 있다. 궁극적인, 원인 없는 원인자는 존재에 의미를 부여하고 방향성을 부여하고 존재를 종식시킨다.

전능한 창조주 하나님의 계시인 성경이 세계와 역사에 대해

가르친 것을 정리하자면 아마도 다음과 같을 것이다.

첫째, 세계를 창조하신 이가 세계와 역사를 유지하고 완성하고 종식시킨다.

둘째, 인간은 끊임없이 하나님의 통치주권을 찬탈하고 세계를 타락시키고자 한다.

셋째, 세계는 영원한 파멸을 향해 달려가지만, 하나님은 부패한 세계 속에서 갱생과 회복의 역사를 시작하셨다.

넷째, 타락한 세상에 거룩한 교회가 존재하고 세상은 파멸을 완성하고 교회는 거룩을 완성할 날이 온다.

다섯째, 하나님의 나라는 이미 도래하였으나 아직 완전히 임하지는 않았다. 그 날이 올 것이다.

불자는 "신은 자신의 영광을 세상에 다시 선포하고 드러내기 위한 목적으로 역사를 운행하고 있는 것이다.······기독교의 역사로 보면 지금은 종말과 심판을 기다리는 때이다. 그 종말과 심판은 부활하여 승천한 예수가 재림할 때 이루어진다"라고 올바르게 말한다(197-98).

결코 잊어서는 안 될 것이 있다. 전능한 하나님은 자신의 영광을 위해 역사를 완성시키지만, 타락한 피조물인 인간을 단지 소모품으로만 사용하시지 않는다. 하나님이 마치 높임을 받는 쾌락을 탐닉하고 인간을 일회용 폭죽처럼 활용하고 버린다는 식으로 생각해서는 안 된다. 역사의 완성은 하나님이 죽음을 무릅쓰고 성취한 인류 구원의 완성이며, 타락한 피조물을 하나님의 거룩한 동반자로 변혁시키는 성화의 완성이다.

세상은 종말을 향하여 전진한다. 하나님은 영광의 빛을 세상에 비춰, 세상의 어둠 속에서 빛을 밝히신다. 빛의 자녀는 하나님의 빛 속에서 빛에 속한 행위를 하고 어둠의 자녀는 어둠 속에서 어둠에 속한 일을 한다. 빛의 자녀들은 이 세계와 역사가 종말을 완성할 때, 저 완전한 빛의 나라에 들어가고, 어둠의 자녀들은 영원한 파멸 속에 던져진다. 지금은 종말을 향해 전진하는 중이다. 이 역사 속에 어떻게 처신해야 할지에 대해 사도 바울은 다음과 같이 명확하게 권고한다.

> 데살로니가후서 5:5, 8, 23-24, "너희는 다 빛의 아들이요 낮의 아들이라 우리가 밤이나 어두움에 속하지 아니하나니……우리는 낮에 속하였으니 근신하여 믿음과 사랑의 흉배를 붙이고 구원의 소망의 투구를 쓰자……평강의 하나님이 친히 너희로 온전히 거룩하게 하시고 또 너희 온 영과 혼과 몸이 우리 주 예수 그리스도 강림하실 때에 흠 없게 보전되기를 원하노라 너희를 부르시는 이는 미쁘시니 그가 또한 이루시리라."

불교에게 역사는 덧없이 사라져가는 안개와도 같다. 그 역사 속에서 살아남고자 불교도들은 안개를 잡으려고 달려가는 듯 몸부림친다. 온갖 것을 받아들이며 변신을 꾀한다. 기독교에게 역사는 하나님께서 펼치는 섭리와 경륜의 장(場)이며, 전능자의 손에 이끌려 천국을 향해 걸어가는 첩경이다.

> 시편 102:25-26, "주께서 옛적에 땅의 기초를 두셨사오며 하늘도 주의 손으로 지으신 바니이다 천지는 없어지려니와 주는 영존하시겠고 그것들은 다 옷 같이 낡으리니 의복 같이 바꾸시면 바뀌려니와."